Günter W. Kienitz & Bettina Grabis

Reingelegt & Angeschmiert

Coole Streiche und verblüffende Tricks

Illustrationen von Silke Voigt

Ökotopia Verlag, Münster

Impressum

AutorInnen:
Günter W. Kienitz & Bettina Grabis

Titelgrafik und Illustrationen:
Silke Voigt

Satz und Druck:
Druckwerkstatt Hafen GmbH, Münster

© 1996 by Ökotopia Verlag, Münster

Dieses Buch wurde auf garantiert chlorfreiem Papier gedruckt. Im Bleichprozeß wird statt Chlor Wasserstoffperoxid eingesetzt. Dadurch entstehen keine hochtoxischen CKW(Chlorkohlenwasserstoff)-haltigen Abwässer.

CIP-Titelaufnahme der Deutschen Bibliothek

Reingelegt & angeschmiert : coole Streiche und verblüffende Tricks / Günter W. Kienitz & Bettina Grabis. Ill. von Silke Voigt. - Münster : Ökotopia-Verl., 1996
ISBN 3-925169-97-0

Inhalt

Damit kein Streich in die Hose geht...

Keine Frage, jemandem einen gelungenen Streich zu spielen, macht immer wieder riesig Spaß! Auf den folgenden Seiten findest du eine ganze Menge Ideen und Vorschläge für Streiche, die es in sich haben.

Doch bevor du dich ins Vergnügen stürzt und damit anfängst, Leute an der Nase herum und aufs Glatteis zu führen, solltest du unbedingt die nachfolgenden Tips lesen und natürlich auch beherzigen. Sie helfen dir zu verhindern, daß deine Streiche böse in die Hose oder nach hinten losgehen.

1. Spiele niemals anderen einen Streich, wenn du selbst keinen Spaß vertragen kannst. Denn mit Retourkutschen mußt du immer rechnen.

2. Streiche, die anderen ernsthaft schaden oder fremdes Eigentum zerstören, sind absolut nicht lustig, sondern Körperverletzung oder Sachbeschädigung. Wir raten dir dringend davon ab!

3. Ältere und/oder herzkranke Menschen zu erschrecken, ist nicht etwa komisch, sondern ausgesprochen gefährlich für den Betreffenden!

4. Absolut humorlosen Zeitgenossen einen Streich zu spielen bringt wenig Spaß - aber möglicherweise eine Menge Ärger. Suche dir besser ein „Opfer", das Spaß versteht. Dann habt ihr beide was zu lachen. Und das ist schließlich der Sinn der Sache.

5. Ein Streich gelingt nur dann richtig, wenn er auf dein „Opfer" abgestimmt ist und der Zeitpunkt stimmt. Einem Gebißträger den „Zahnpasta-Streich" zu spielen, wäre völlig daneben, und deinem Vater ausgerechnet dann einen Streich zu spielen, wenn er gerade über dein Weihnachtsgeschenk nachdenkt, ebenfalls.

6. Denke, wenn du einen Streich spielst, immer daran, daß du dir schließlich keine Feinde fürs Leben schaffen, sondern lediglich Spaß haben willst.

7. Sollte trotzdem einmal jemand einen deiner Streiche in den falschen Hals bekommen und dir ernsthaft böse

sein, kann eine nette Entschuldigung die aufgewühlten Wogen meistens rasch wieder glätten.

Bewertungen

Bei jedem Streich findest du zwei Symbole, die dir zeigen, wieviel Vorbereitung der Streich benötigt, und ob er eher

harmlos oder deftig ist.
Richtig eingesetzt, machen die Streiche auf jeden Fall alle Spaß.

🕐	Dieser Streich erfordert praktisch keinerlei Vorbereitung. Du kannst ihn jederzeit und fast überall spielen.	🙂	Völlig harmloser Streich, für den dir niemand böse sein kann.
🕑	Dieser Streich ist nicht besonders aufwendig, erfordert aber ein bißchen Vorbereitung.	😐	Zart beseelte Kandidaten könnten dir diesen Streich bereits übelnehmen.
🕒	Dieser Streich muß gründlich vorbereitet werden, ist den Aufwand aber locker wert.	☹️	Dieser Streich hat's wirklich in sich! Überleg dir gut, wem du ihn zumutest!

Einige Tips:

Um die Streiche aus diesem Buch auszuführen, benötigst du - von ganz wenig Ausnahmen abgesehen - nur Dinge und Hilfsmittel, die du in einem normalen Haushalt findest oder die du dir selbst zusammenbasteln kannst. Und mit den Anregungen und Ideen, die du auf den folgenden Seiten findest, wirst du garantiert lange Zeit beschäftigt sein.

Natürlich mußt du dich nicht strikt an die Anleitungen zu den Streichen in diesem Buch halten. Ganz im Gegenteil - betrachte die Vorschläge als Anregungen, die sich verändern lassen und die du gerne weiterdenken darfst.

Die meisten Streiche in diesem Buch werden in Form von kurzen Geschichten vorgestellt, damit du dir ihre Wirkung anhand der geschilderten Beispiele besser vorstellen kannst. Klar, daß du dich nicht strikt an die Vorgaben zu halten brauchst. Selbstverständlich können Streiche, die hier einem Jungen oder einem Mann gespielt werden, auch auf ein Mädchen oder eine Frau angewendet werden und umgekehrt. Und die Streiche, die hier von Mädchen vorgeführt werden, können natürlich jederzeit auch Jungen für ihre Zwecke einsetzen. Anders herum funktioniert das logischerweise ebenfalls.

Mit unseren Ideen im Hinterkopf und ein bißchen Phantasie fallen dir bestimmt noch mehr pfiffige Ideen ein, wie du jemanden reinlegen und anschmieren kannst.

Weitere Möglichkeiten, Streiche zu spielen, bietet dir ein breites Sortiment von Scherzartikeln, die du fix und fertig im Laden kaufen kannst: Niespulver, Juckpulver, Stinkbomben, Plastiktiere (von der künstlichen Fliege bis zur ausgewachsenen Schlange), Furzkissen und vieles mehr.

Weil solche Artikel oft nur in der Faschingszeit zu haben sind, solltest du die Narrenzeit nutzen, um dir einen Vorrat an solchen Kleinigkeiten zuzulegen, damit du für alle Gelegenheiten gerüstet bist. Denn ein Jahr kann ganz schön lang sein ...

Und noch ein Tip:

Wenn du REINGELEGT & ANGESCHMIERT geschenkt bekommen und bei dieser Gelegenheit unterschrieben hast, daß du dem netten Schenker dreizehn Monate lang keinen Streich spielen wirst, solltest du dich auch wirklich an dein Versprechen halten. Unbedingt! Das ist schließlich Ehrensache. Und fair.

Allerdings ... ganz unter uns:

Wo steht denn geschrieben, daß die Schonfrist schon heute beginnen muß?

Ein allerletzter Tip

Laß dieses Buch nicht aus den Augen und sorge dafür, daß es niemand außer dir in die Finger bekommt! Sonst kann es leicht passieren, daß deine Schwester, dein Bruder oder gar deine Eltern es lesen, und du eines Tages selbst kräftig an der Nase herumgeführt wirst.

Die Streiche...

Vorsicht, rohes Ei

Stell dir vor: dein Vater nimmt ein Ei aus dem Kühlschrank und - platsch! - es zerbricht ihm in der Hand. Nicht zu fassen! Dabei hat er doch gar nicht so doll zugepackt!

Natürlich kann er nicht wissen, daß du das Ei zuvor ein bißchen behandelt hast...

Lege ein rohes Ei über Nacht in ein Glas mit Essig. Eierschalen bestehen aus Kalk, der vom Essig aufgelöst wird. Am nächsten Morgen hat das Ei nur noch eine hauchdünne Schale, sieht auf den ersten Blick aber ganz normal aus. Spüle das Ei sorgfältig ab, damit es nicht verdächtig sauer riecht, trockne es vorsichtig und lege es in den Kühlschrank zurück. Dein Vater wird sich wundern!

Der kaputte Spiegel

Deine Mutter geht ins Badezimmer. Kaum ist sie eingetreten, hörst du einen fürchterlichen Schrei. Und schon kommt sie mit blassem Gesicht wieder herausgeschossen.

„Um Himmels willen! Was ist denn passiert?" fragst du scheinheilig und mit überraschter Miene. Dabei weißt du natürlich ganz genau, warum deine Mutter so aus dem Häuschen ist.

„Unser sündhaft teurer Kristallspiegel über dem Waschbecken ist zerbrochen", klärt deine Mutter dich aufgeregt auf und sieht dich dabei durchdringend an. „Sag mal, das bist doch nicht etwa du gewesen, oder?"

Jetzt nur nicht rot werden, sondern cool bleiben. „Als ich das letzte Mal im Badezimmer war, ist er noch total in Ordnung gewesen", antwortest du treuherzig. Das ist noch nicht einmal gelogen. „Laß mich doch mal sehen."

Du düst zum Badezimmer und bringst mit einem raschen Handgriff den Spiegel wieder in Ordnung. „Was ist denn mit dem Spiegel?" fragst du deine Mutter betont verständnislos. „Er ist doch völlig heil!"

Deine Mutter kommt hinter dir her, sieht sich den Spiegel an und faßt sich an den Kopf. Sie traut ihren Augen nicht! Hat sie eben nur geträumt oder spukt es neuerdings?

Nein, weder noch. Du hast nur ein bißchen am Spiegel gepfuscht. Und das geht so:

Zeichne mit einem schwarzen Filzstift das Muster einer gesprungenen Glasscheibe auf ein entsprechend großes Stück Klarsichtfolie. Wenn du dir Mühe gibst, sieht das Ergebnis verflixt echt aus.

Die fertige Folie legst du über den Spiegel und streichst sie sorgfältig glatt. Sie haftet völlig ohne Klebstoff.

Sobald dein Streichopfer auf deinen

Spiegeltrick reingefallen ist, ziehst du die Folie mit einem Handgriff ab und läßt sie in deiner Hosentasche verschwinden. Und schon kannst du dich dumm stellen und ganz scheinheilig fragen: "Was soll denn mit dem Spiegel passiert sein? Also, für mich sieht er völlig in Ordnung aus."

Gruselige Grüße

Wenn dein Brieffreund in Amerika, Australien oder Buxtehude deinen nächsten Brief öffnet, darf er sich auf was gefaßt machen: deine Nachricht springt ihm förmlich entgegen. Was meinst du, wie der erschrecken wird? Bloß schade, daß du sein Gesicht nicht sehen kannst!

Für den Briefschreck benötigst du:

Ein Blatt weißes Papier - ein Stück festen Karton - Bleistift und Schere - einen Gummiring.

Und so wird der Briefschreck gebastelt:

1. Pause die abgebildete Faltkarte auf weißes Papier ab.

2. Klebe die abgepauste Karte auf feste Pappe. Sobald der Klebstoff getrocknet ist, schneidest du die Faltkarte aus. Vergiß nicht, den vorgezeichneten Schlitz auszuschneiden. Farbig ausgemalt sieht die Karte gleich noch viel besser aus.

3. Knicke die Faltkarte entlang der gestrichelten Linien nach hinten. Dabei mußt du den Kopf durch den Schlitz schieben.

abpausen

4. Hänge den Gummiring so in die fertige Konstruktion ein, wie das auf der Zeichnung zu sehen ist.

5. Klappe die fertige Schreckkarte flach zusammen, schreibe deine gruseligen Grüße auf die Vorderseite und schiebe die Karte ins Kuvert. Damit sich der Umschlag nicht verdächtig ausbeult, legst du am besten vor und hinter die Karte jeweils ein passendes Stück Karton.

6. Und schon geht die Post ab! Wenn der Empfänger das Kuvert öffnet und deine gruselige Grußkarte herauszieht, wird er ganz schön erschrecken.

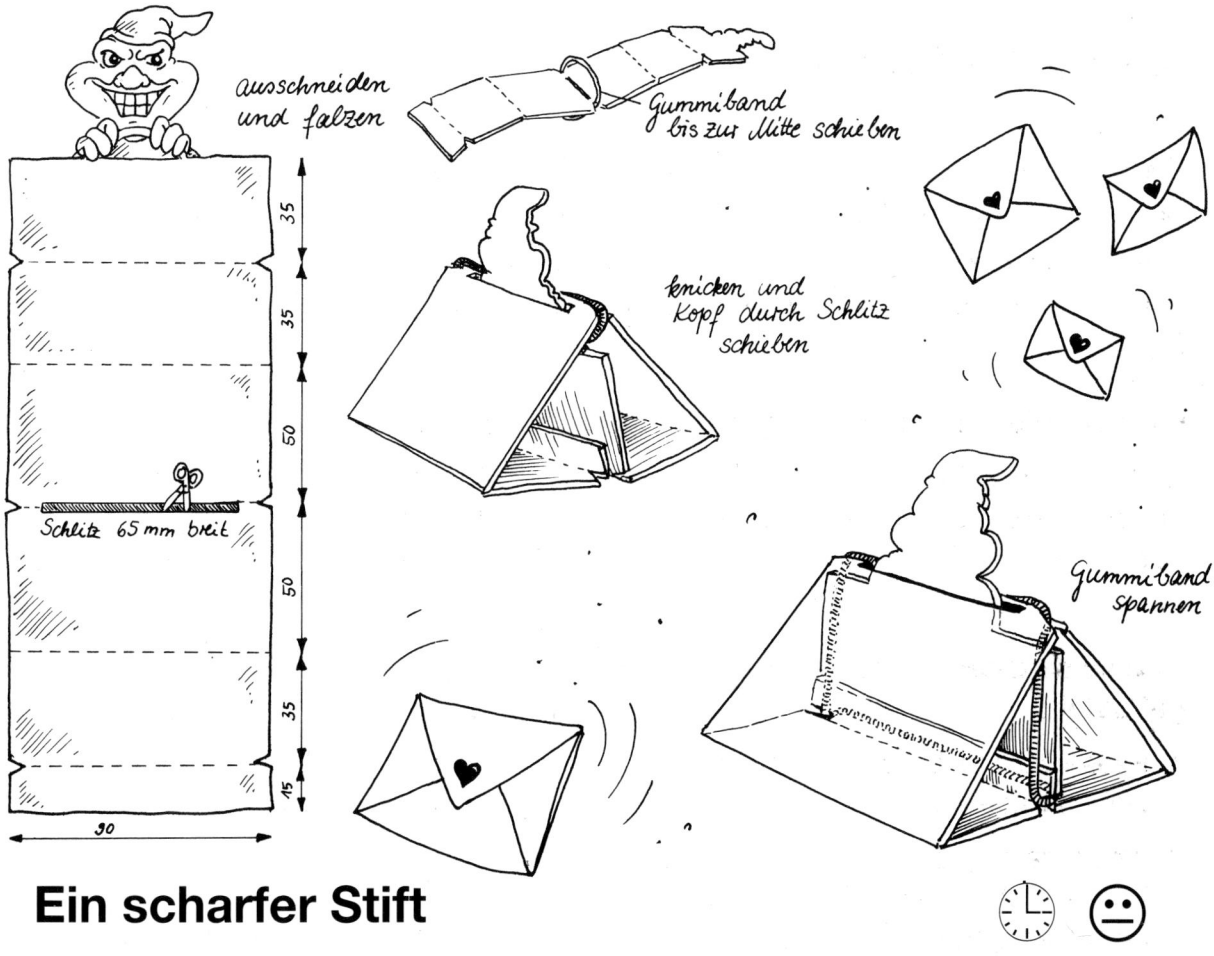

Ein scharfer Stift

Ganz sicher gibt es auch in deiner Klasse mindestens einen Mitschüler, der beim Grübeln gerne ganz genüßlich und mit andächtigem Gesichtsausdruck an seinem Bleistiftende nuckelt. Wird der Augen machen, wenn du ihm den folgenden Streich spielst!

Besorge dir eine getrocknete Chillischote und reibe das Bleistiftende des Betreffenden in einem unbeobachteten Moment damit ein. Wenn dein Opfer das nächste Mal seinen Bleistift in den Mund schiebt, bleibt ihm glatt die Spucke weg, denn Chili ist höllisch scharf!

Das Nachtgespenst

Stell dir vor: Es ist Nacht. Stockduster. Dein Streichopfer tappt müde über den Flur, öffnet nichts Böses ahnend seine Zimmertür... und kippt vor Schreck fast aus den Latschen. Vor seinen Augen schwebt ein unheimliches Gespenst durchs Zimmer!

Mit diesem Streich kannst du jemandem einen ziemlichen Schrecken einjagen. Du mußt allerdings ein bißchen Zeit in die Vorbereitung stecken. Aber eines ist sicher, der Spaß ist den Aufwand auf jeden Fall wert.

Du benötigst dazu ein altes Bettlaken oder ein großes weißes Tuch, das du bemalen kannst, ohne hinterher Probleme deswegen zu bekommen. **Wichtig:** Der Stoff muß dünn und leicht sein.

Außerdem brauchst du drei runde Schraubhaken, einen Luftballon und jede Menge dünne Schnur oder festen Faden.

So funktioniert's: Als erstes bohrst du die drei Schraubhaken (wenn sich einfache Schraubhaken nicht in die Decke drehen lassen, mußt du Dübel verwenden) gegenüber der Zimmertür im Abstand von je etwa einem halben Meter nebeneinander in der Mitte des Raumes in die Decke. Frag unbedingt deine Eltern vorher um Erlaubnis und laß dir beim Bohren helfen, sonst handelst du dir garantiert Ärger ein!

Jetzt bläst du den Luftballon auf. Mit einer Nähnadel führst du einen langen Faden durch die Mitte deines Tuches und knotest das Fadenende fest um die Ballontülle. Der Faden wird durch den mittleren Schraubhaken an der Decke geführt und vorläufig so an der Türklinke festgebunden, daß dein Gespenst schon einmal in der Luft hängt.

Nun raffst du das Tuch links und rechts in einigem Abstand vom Kopf zusammen und bindest jeweils das Ende eines langen Fadens darum. Diese beiden Fäden werden durch die beiden anderen Schraubhaken geführt und ebenfalls vorläufig an die Türklinke gebunden.

Mit einem schwarzen Filzstift malst du deinem Gespenst Augen und einen offenen Mund.

Nun muß das Gespenst nur noch richtig plaziert werden. Geht die Zimmertür nach außen auf, hängst du das Gespenst tief. Durch das Öffnen der Tür schwebt es in die Höhe. Geht die Zimmertür nach innen auf, hängst du das Gespenst hoch. Beim

Öffnen der Tür schwebt es nach unten.

Du wirst etwas Herumprobieren müssen, bis du die ideale Höhe gefunden hast. Wenn du damit fertig bist, verknotest du die Fäden endgültig fest an der Türklinke und schneidest die überstehenden Fadenreste ab. Fertig!

Jetzt brauchst du nur noch auf die "Geisterstunde" zu warten. Viel Spaß!

Unheimlich: die Geisterschrift

Sicher hast du das in irgend einem Film schon mal gesehen: die bildschöne Heldin steigt graziös aus der Dusche. Dichter Dampf wallt durchs Badezimmer. Die Filmschöne hüllt sich wohlig in ein kuscheliges Badelaken. Doch plötzlich klappt ihr Mund auf, und ihre Augen werden weit vor Schreck! Auf dem beschlagenen Kristallspiegel ist eine geheimnisvolle Schrift aufgetaucht ...

Was würde deine große Schwester wohl sagen, wenn so etwas in eurem Badezimmer passieren würde? Oder deine Mutter? Oder ...? Sie wären schätzungsweise ganz schön baff, stimmt's? Am besten probierst du es einfach mal aus.

Alles was du für diesen hollywoodreifen Streich brauchst, ist eine rohe Kartoffel und ein Gemüsemesser.

Aus der geschälten rohen Kartoffel schneidest du dir einen dicken Stift zurecht, mit dem du deine geheimnisvolle Mitteilung in großen Lettern auf euren Badezimmerspiegel schreibst, bevor dein "Opfer" zum Duschen geht.

Die Schrift ist anfangs völlig unsichtbar. Erst wenn wegen des heißen Dampfes aus der Dusche der Spiegel beschlägt, taucht sie wie aus dem Nichts auf.

Was du deinem Streichopfer auf den Spiegel schreiben willst, weißt du selbst sicher am besten.

Übrigens: Natürlich läßt sich dieser Trick auch im Duschraum des Sportvereins und an ähnlichen Orten anwenden, wo sich genug Dampf entwickelt, um Spiegel beschlagen zu lassen.

Das widerspenstige Telefon

Das Telefon klingelt. Dein Bruder geht dran und hebt ab.

„Hallöchen", zwitschert er freundlich in den Hörer, weil er einen Anruf seiner Freundin erwartet.

Doch was ist das? Die Leitung ist tot, und der Apparat klingelt ungeniert weiter!

Während dein Bruder Bauklötze staunt, kannst du dir ins Fäustchen lachen. Denn du hast das Telefon außer Gefecht gesetzt.

Dazu brauchst du lediglich den Schaltknopf unter dem Hörer mit einem durchsichtigen Klebstreifen so festzukleben, daß er nicht hochschnappen kann. Wenn ein Klebstreifen wegen der Bauweise des Apparates nicht in Frage kommt, kannst du den Schaltknopf auch mit einem kleinen Stück zusammengefaltetem Papier oder etwas ähnlichem festklemmen.

Kläre dein Streichopfer aber bitte rechtzeitig auf, bevor es verzweifelt den Telefonstördienst anrufen will. Das kann nämlich teuer werden!

Hallo, Telefon für dich!

Dein Bruderherz steht unter der Dusche? Wenn das nicht die Gelegenheit für einen kleinen frechen Streich ist!

Du klopfst an die Tür zum Badezimmer.

„Was ist?" tönt die Stimme deines Bruders aus dem Bad. „Kann man hier nicht einmal in Ruhe duschen, oder was?"

„Was kann ich dafür?" rufst du beleidigt zurück. „Telefon für dich. Deine Süße ist dran!"

Nun machst du dich blitzschnell davon, bevor dein Bruder dich bitten kann, seiner Süßen zu sagen, er würde zurückrufen.

Was bleibt dem Armen übrig, als sich rasch einen Bademantel überzuwerfen und eiligst aus dem Bad zu kommen?

Er findet dich neben dem Telefon. Der Hörer liegt auf der Gabel. Und du sagst scheinbar mitfühlend: „Du kommst zu spät. Sie hat gerade aufgelegt."

Toll, was für Grimassen dein Bruder schneiden kann! Willst du noch einen draufsetzen? Bitte sehr:

„Du kannst sie leider nicht zurückrufen, läßt sie dir ausrichten. Sie ist nämlich für ein paar Stunden unterwegs!"

Natürlich hat das Telefon gar nicht wirklich geklingelt, und selbstverständlich hat die Freundin deines Bruders auch nichts für ihn ausrichten lassen. Und ob sie die nächsten Stunden unterwegs ist, weißt du logischerweise ebenfalls nicht. Kann dir ja auch egal sein, das interessiert doch höchstens deinen Bruder.

Wichtig: Dieser Streich funktioniert nur, wenn euer Telefon unter der Dusche normalerweise nicht zu hören ist. Andernfalls wird dir dein Bruder kaum glauben, daß das Telefon geklingelt hat.

Noch überzeugender wirkt dein Streich, wenn ihr zwei getrennte Anschlüsse habt, so daß du das eine Telefon klingeln las- sen kannst, indem du es über das andere anwählst.

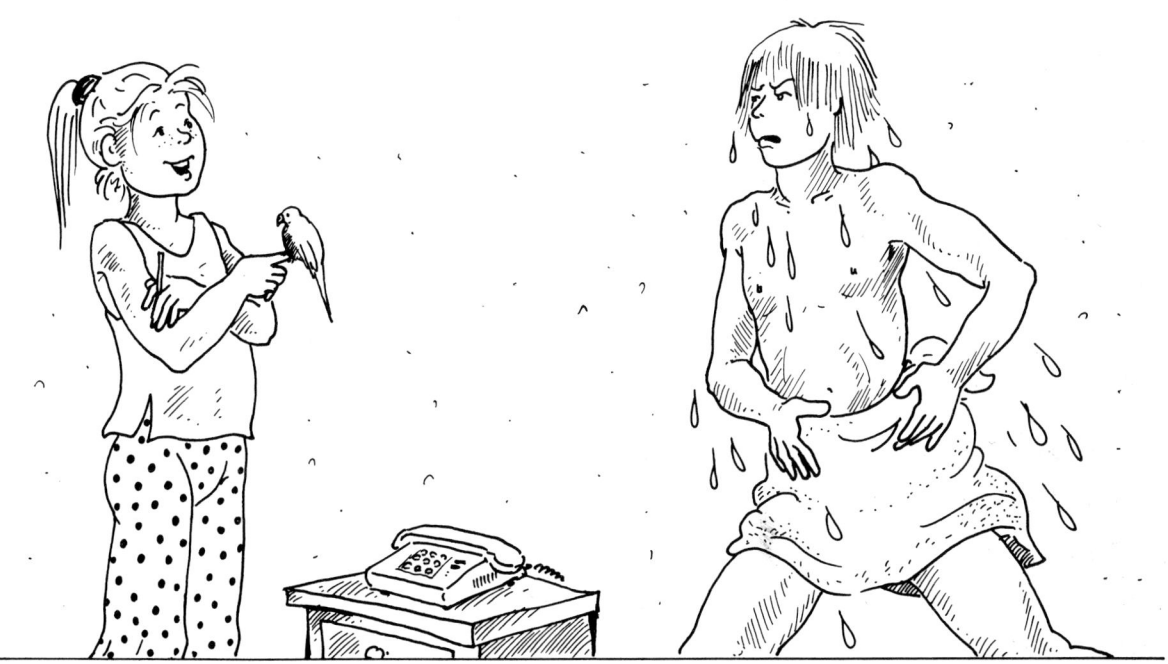

Der frühe Vogel fängt den Wurm

Normalerweise quält sich dein Bruder immer erst auf den letzten Drücker aus dem Bett. Doch eines Tages sitzt er schon eine halbe Stunde früher am Frühstückstisch. Ja, gibt's denn so was?

Aber sicher - wenn du das möchtest. Du mußt dazu am Tag davor nur klamm- heimlich seinen Wecker eine halbe Stun- de zurückstellen. Oder eine Stunde, oder...

Ein Test für "starke Männer"

Bestimmt kennst du auch jemanden, der sich immer unheimlich stark vorkommt. Biete ihm eine Wette an.

„Dies ist eine ganz besondere Tomate. Wetten, daß du sie nicht mit einer Hand zerdrücken kannst", sagst du und legst ihm eine stinknormale Tomate in die Hand.

Er wird nur müde lächeln und die Wette siegessicher annehmen. Logo!

Natürlich gewinnt der starke Maxe die Wette, denn die Tomate läßt sich selbstverständlich spielend leicht zerdrücken. Doch mit einer Hand voller Tomatenmatsch ist er auf jeden Fall der Verlierer!

Wichtig: Sorge vorher für genug Zuschauer!

Toilettenspaß

Wer die Toilettenspülung drückt, erwartet Wasser. Doch manchmal kommt es verblüffenderweise anders… und viel dicker!

Wie wär's mit Schaum? Dazu öffnest du den Spülkasten (funktioniert nur, wenn er zugänglich und nicht in die Wand eingebaut ist) und gibst eine Portion Schaumbad hinein. Damit sorgst du nicht nur für angenehmen Duft auf dem stillen Örtchen, sondern auch für einen überraschenden Effekt und große Augen bei deinem Streichopfer. Bloß schade, daß du nicht danebenstehen und die Wirkung deines Streiches miterleben kannst.

Wichtig: Nimm nicht zuviel Schaumbad, wenn du nicht willst, daß sich ein dicker Schaumteppich im ganzen Raum breitmacht.

Die unsichtbare Wand

Was wird dein Lehrer wohl sagen, wenn er morgens die Tür zum Klassenzimmer öffnet und gegen eine unsichtbare Wand prallt? Keine Ahnung? Na, dann probier's doch einfach mal aus!

Natürlich muß für so einen Streich die ganze Klasse eingeweiht sein und mitspielen - oder dich zumindest nicht verpetzen.

Der Rest ist einfach, funktioniert aber nur, wenn die Türe zu eurem Klassenzimmer nach außen aufgeht. Falls eure Klassenzimmertür nach innen aufgeht, empfehlen wir den *Tür-Regen* als Alternative.

Alles was du für den Streich brauchst, ist ein Paket durchsichtiger Abdeckfolie und eine Rolle (Krepp-)Klebeband.

Aus der Abdeckfolie schneidest du entsprechend der Türgröße ein Stück aus und klebst es mittels Klebeband straff gezogen von innen an den Türrahmen.

Wenn euer Lehrer nun ahnungslos die Tür öffnet und das Klassenzimmer betritt, läuft er gegen eine unsichtbare "Wand". Ein kurzer Schreck in der Morgenstunde ist ihm sicher. Aber das ist er ja sicher gewöhnt, falls er mehr Schüler von deiner Sorte hat.

Bitte nicht stören!

Platzt deine Schwester auch gerne immer dann unangemeldet in dein Zimmer, wenn du sie so gar nicht brauchen kannst?

Ignoriert sie sogar ganz unverschämt dein „Bitte nicht stören"-Schild, das du nur wegen ihr vor die Tür gehängt hast?

Dann wird es Zeit, ihr ein bißchen Benehmen beizubringen. Mit einem einfachen Streich kannst du ihr die nervtötende Unsitte leicht abgewöhnen.

Nimm eine Rolle Kreppklebeband und klebe die Tür zu deinem Zimmer von innen fein säuberlich am Türrahmen fest. Wenn deine Schwester die Tür öffnet, trifft sie auf einen unerwarteten Widerstand und bumst mit dem Kopf dagegen.

Nun kannst du die Tür öffnen und deine Schwester freundlich begrüßen: "Schön, daß du diesmal angeklopft hast. Kaum zu glauben! Es geschehen noch Zeichen und Wunder."

Dieses Erlebnis wird ihr eine Lehre sein. Wenn nicht, empfehlen wir den *Tür-Regen* in der verschärften Variante.

Was gibt's denn da zu glotzen?

Eine größere Anzahl wildfremder Menschen kräftig zum Narren zu halten, macht richtig Spaß - und geht unglaublich leicht!

Stell dich mit zwei, drei Freundinnen, die in dein Vorhaben eingeweiht sind, auf einen belebten Platz. Dort guckt ihr alle ganz angestrengt nach oben auf einen bestimmten Punkt: das Dach eines Gebäudes oder ein Fenster oder... ganz egal was.

Dazu macht ihr laut ein paar entgeisterte Bemerkungen wie: "Das gibt's doch gar nicht!", "Mann, das halt' ich doch im Kopf nicht aus!", "Das steht morgen garantiert in der Zeitung!" oder "So was müßte doch wirklich verboten sein!" Ihr könnt noch einen draufsetzen und aufgeregt in eure Blickrichtung deuten.

Was jetzt passiert, ist kaum zu glauben. Man muß es einfach erlebt haben:

Aus den Augenwinkeln werdet ihr schon nach kürzester Zeit feststellen, daß der eine oder andere Passant stehenbleibt und in die gleiche Richtung guckt. Daß es da überhaupt nichts zu sehen gibt, spielt für euren Streich überhaupt keine Rolle.

Weil die meisten Erwachsenen sich nicht gerne eine Blöße vor Kindern geben, wird euch auch keiner fragen, was es da zu sehen gibt.

Sobald sich ein Grüppchen Neugieriger angesammelt hat, könnt ihr euch unauffällig davonstehlen, aus sicherer Entfernung zusehen, wie gebannt eure Opfer auf nichts und wieder nichts starren, und euch schlapp lachen.

Nach ein paar Minuten kann eine von euch hingehen und ein paar eurer Opfer, die erst später hinzugekommen sind, fragen, was es da denn zu gucken gibt.

Die Antworten, die ihr zu hören bekommt, sind garantierte Lachnummern!

Ein Glas Wasser, bitte!

Du bist bei einer Freundin zu Besuch. „Kann ich ein Glas Wasser haben, bitte?" fragst du ganz höflich und wirst es natürlich bekommen. Du nimmst das Glas entgegen, sagst: „Dankeschön, das heb' ich mir für später auf", und schüttest das Wasser in deine Jackentasche.

Wetten, daß deine Freundin fast aus den Pantinen kippt?

Denn sie kann ja nicht ahnen, daß du deine Jackentasche vorher präpariert hast. Eine stabile Plastiktüte, die du vorher mit doppelseitigem Klebeband oder Sicherheitsnadeln in deiner Tasche befestigt hast, fängt das Wasser auf. Am besten funktioniert der Trick, wenn deine Jacke möglichst große, weite Taschen hat.

Weil dabei auch etwas daneben gehen kann, solltest du den Streich nur mit Wasser ausführen. Limonade oder andere Getränke können häßliche oder klebrige Flecken auf deiner Jacke zurücklassen.

Wenn du die Sache vorher ausprobierst und einübst, brauchst du keine Angst haben, daß dein Gag schiefgeht, und du dich blamierst.

In der Zwickmühle

Schreibe in einem unbeobachteten Moment folgenden Satz mit Kreide groß an die Tafel eines Klassenzimmers, in dem du eigentlich nichts zu suchen hast (damit keiner deine Schrift wiedererkennt):

"Nur ein Dummkopf wischt diesen Satz von der Tafel!"

Der nächste Lehrer, der das Klassenzimmer betritt, steckt in einer argen Zwickmühle. Stehen lassen will er den Satz bestimmt nicht, aber abwischen kann er ihn auch nicht, ohne eine kräftige Lachsalve seiner Schüler zu riskieren.

Wenn er clever ist, macht er einen seiner Schüler zum Dummkopf und läßt ihn die Tafel abwischen.

Zahnpasta mit ausgefallenem Geschmack

Viele Leute sind morgens, frisch aus den Federn, meist noch ein bißchen transusig - eben noch nicht so richtig wach. Wem fällt um diese Uhrzeit schon auf, daß die Zahnpasta nicht ganz so aussieht wie sonst. Ein guter Zeitpunkt für einen Streich.

Der Streich muß von langer Hand geplant werden und funktioniert nur mit einer Zahnpastatube aus Kunststoff.

Wenn eure Zahnpasta das nächste Mal aufs Ende zugeht, schaffst du die leere Tube rechtzeitig beiseite, bevor sie im gelben Sack oder in der Mülltonne landet. Der Rest ist einfach. Fülle eine Portion Mayonnaise mit einer Spritze in die leere Zahnpastatube.

Nachdem der letzte der Familie am Abend das Badezimmer verlassen hat,

tauschst du heimlich die richtige Tube gegen deine präparierte aus.

Nun brauchst du nur noch bis zum nächsten Morgen warten. Wenn du von einem lauten Protestschrei aus dem Schlaf gerissen wirst, kannst du dir sicher sein, daß dein Streich ein Opfer gefunden hat.

Aber hallo! Paß bloß auf, daß du morgens nicht selbst der erste im Bad bist. Du kennst doch das Sprichwort: "Wer anderen eine Grube gräbt, fällt selbst hinein!"

Noch ein Test für "starke Männer"

Manche Zeitgenossen haben mehr Muskeln als Verstand. Wenn du so einen Typen kennst, kannst du ihn mit dieser Wette im wahrsten Sinn des Wortes naßmachen.

Am besten führst du diesen Streich im Freien und bei Sonnenschein aus. Fülle ein großes Glas randvoll mit Wasser. Lege ein Stück Karton darüber, den du gut festhältst. Nun drehst du das Glas mit einem raschen Handgriff um. Das kopfstehende Glas stellst du auf einen Tisch. Nun kannst du den Karton vorsichtig herausziehen - das Wasser bleibt im Glas.

Jetzt bist du für deine Wette vorbereitet. Mit "Ich wette, daß du es nicht schaffst, dieses Glas hochzuheben!" forderst du deinen Kandidaten heraus. "Pah", wird der großspurig antworten, oder etwas ähnliches. Und schon wird er zupacken.

Klar, daß du die Wette verlierst, denn das Glas läßt sich mühelos anheben. Allerdings macht sich dein Opfer dabei buchstäblich die Hosen naß.

Übrigens: Wenn er richtig stark ist, solltest du zumindest schneller laufen können.

Invasion der Kakerlaken

Kakerlaken sind ziemlich große und höchst unbeliebte, krabbelnde Insekten. Sie entwickeln einen unglaublichen Appetit, vertilgen beinahe alles, was ihnen in die Quere kommt und sind so gut wie unverwüstlich. Überall, wo sie zuhause sind, stellen sie eine echte Plage dar.

Die riesigsten Exemplare dieser gefräßigen kleinen Monster wurden übrigens in der Dominikanischen Republik gesichtet (siehste, wieder was dazugelernt!). Sie werden dort glatt ein paar Zentimeter groß. Und im Gepäck nichts Böses ahnender Touristen schaffen sie regelmäßig den Sprung auch zu uns.

Kakerlaken sind gefürchtet und verbreiten Angst und Schrecken. Gerade deshalb und weil sie gräßlich knacken, wenn man auf sie tritt, eignen sie sich ausgesprochen gut für einen tollen Streich.

Natürlich verwendest du keine echten Kakerlaken! Um sie vorzutäuschen, eignen sich Erdnußschalen ganz hervorragend. Sie müssen nur richtig eingesetzt werden. Und das geht so:

Damit dein Streich funktioniert, muß es vor allem dunkel sein, denn man darf deine "Kakerlaken" nicht sehen, sondern lediglich hören.

Nehmen wir einmal an, du bist mit deiner Schulklasse in einer Jugendherberge. Es ist Abend - Zeit, ins Bett zu gehen. Du weihst die anderen auf deinem Zimmer in deinen Streich ein. Dann schickst du alle ins Bett, verstreust deine Erdnußschalen über den Fußboden, löschst das Licht und springst ebenfalls in die Falle. Nun müßt ihr nur noch darauf warten, daß euer Lehrer seinen Rundgang macht, um zu sehen, ob alle in den Betten liegen und alles in Ordnung ist.

Pustekuchen! Nichts ist in Ordnung! Sobald du ihn draußen auf dem Gang hörst, brüllst du laut: "Kakerlaaaaken!"

Er wird die Tür aufreißen, seinen Kopf ins Zimmer strecken und etwas wie: "Was zum Kuckuck ist denn hier los?" sagen.

Das ist euer Startzeichen! Noch bevor

euer Lehrer den Lichtschalter betätigen kann, springt ihr aus euren Betten auf den Boden - jetzt knackt es natürlich gräßlich, was sich verblüffend echt anhört! - und stürzt zur Tür hinaus. Euren verdatterten Lehrer nehmt ihr gleich mit. "Schnell, Tür zu!" rufst du noch und knallst die Tür ins Schloß.

Wenn euer Lehrer nicht von der ganz abgebrühten Sorte ist, wird er auf euren Spuk erst einmal hereinfallen und losziehen, um den Jugendherbergsvater zu holen.

Die beiden werden ganz schön Augen machen, wenn sie schließlich doch das Licht anmachen und deine hausgemachten Erdnußschalen-Kakerlaken zu sehen bekommen!

Mit ein bißchen Phantasie läßt sich die Invasion der Kakerlaken natürlich auch in anderen Situationen inszenieren - Hauptsache es ist dunkel!

Verknotete Ärmel

Du stehst gerade im Badezimmer vor dem Spiegel und machst dich ausgehfertig. Da hörst du einen entsetzlichen Wutschrei. Er kommt aus dem Zimmer deines Bruders.

Was kann da bloß passiert sein? Du wirst doch nicht etwa? Doch, du grinst über beide Backen. Also hast du es wirklich getan: die Ärmel seiner Lieblingshemden fein säuberlich verknotet.

Alles, was du für diesen Streich zu tun hast ist, die Ärmel sämtlicher Hemden im Kleiderschrank deines "Opfers" so aneinander zu knoten, daß eine lange Hemdenkette entsteht.

Leute, die es morgens eilig haben (und wer hat das nicht?), treibt dieser Schreck-am-frühen-Morgen-Streich garantiert an den Rand der Verzweiflung. Dein Kandidat muß schließlich nicht nur die Ärmel erst mühsam wieder auseinanderknoten, sondern mit größter Wahrscheinlichkeit auch noch zum Bügeleisen greifen, weil seine Hemdsärmel dank deiner "Behandlung" völlig verknautscht sind.

Der unfreiwillige Anrufbeantworter

Stell dir mal folgende Situation vor:

Dein Freund Oliver sitzt nichtsahnend alleine zuhause. Da läutet das Telefon.

„Hallo!" meldet sich Oliver freundlich. Er ist froh, daß ihn jemand anruft, denn er steht kurz davor, sich zu Tode zu langweilen.

„Guten Tag", sagt eine männliche Stimme am anderen Ende. „Ich möchte gerne Peter Müller sprechen."

„Ups, den gibt es hier nicht. Da sind Sie leider falsch verbunden", antwortet Oliver. So was kann ja mal vorkommen.

„Dann entschuldigen Sie bitte", meint der Anrufer.

„Schon in Ordnung." Oliver legt auf.

Keine zehn Minuten später düdelt das Telefon erneut. Oliver hebt ab. „Hallo?"

„Hallo!" Diesmal ist eine weibliche Stimme an der Strippe. „Kann ich bitte Peter Müller sprechen?"

„Hah?" Oliver ist sich nicht sicher, ob er richtig gehört hat.

„Kann ich bitte Peter Müller sprechen?" wiederholt die Anruferin ihre Frage.

„Den gibt's hier nicht!" mault Oliver, schon ein bißchen genervt. „Sie haben sich verwählt." Unsanft hängt er den Hörer ein.

Kurz darauf legt das Telefon schon wieder los. „Bitteschön, ich möchte gerne mit Peter Müller sprechen..." hört Oliver entgeistert eine Stimme sagen.

Du kannst dir sicher vorstellen, daß die Geschichte Oliver langsam aber sicher auf den Wecker geht oder gar unheimlich wird. Doch sie ist noch nicht zu Ende. Eine Stunde lang klingelt der Apparat alle paar Minuten, und jedesmal will irgendjemand diesen ominösen Peter Müller sprechen.

Und dann kommt der Clou - der letzte Anruf einer langen Serie.

"Hallo, hier ist Peter Müller. Hat jemand für mich angerufen?"

Da bleibt Oliver glatt die Spucke weg und ein Wutschrei im Halse stecken...

Wie dieser Streich funktioniert, erklärt sich von selbst. Also, trommle ein paar Freunde und Freundinnen zusammen, und schon könnt ihr gemeinsam Oliver, oder wen-auch-immer ihr hereinlegen wollt, zeigen, wie sich ein geplagter Anrufbeantworter fühlt.

Volksschule
97737 Gemünden a. Main
- Verbandsschule -
(Hauptschule)

Ein Test für Schlauberger

Kennst du auch so einen Schlauberger, der alles weiß und alles kann?

Stell ihm eine knifflige Aufgabe und sieh zu, wie er sich die Zähne daran ausbeißt. Und wenn du richtig Spaß haben möchtest, sorge dafür, daß ihr beiden genug schadenfrohe Zuschauer dabei habt, die deinen Kandidaten mit dummen Bemerkungen ordentlich auf die Palme bringen.

Aufgepaßt! Einen Hirnakrobaten fordert man anders heraus, als einen Muskelmann. So zum Beispiel: "Die Aufgabe ist so knifflig, daß sie noch keiner lösen konnte. Wenn das überhaupt jemand schafft, dann du!" Das geht ihm runter wie Öl, und er wird ganz heiß darauf sein, seine überdimensionalen grauen Zellen augenblicklich unter Beweis zu stellen.

Die Aufgabe hört sich erst einmal reichlich simpel an: Lege mit sechs Streichhölzern vier gleichgroße Dreiecke.

Beim zweiten Hinsehen stellt sie sich aber als verflixt knifflig heraus und ist nur zu lösen, wenn man in drei Dimensionen denken kann (siehe Zeichnung). Weil wir von Streichholzspielchen aber gewöhnt sind, daß sie in einer Ebene zu bewerkstelligen sind, kommt kaum jemand auf die Lösung. Ein echter Test für Grips und Kreativität.

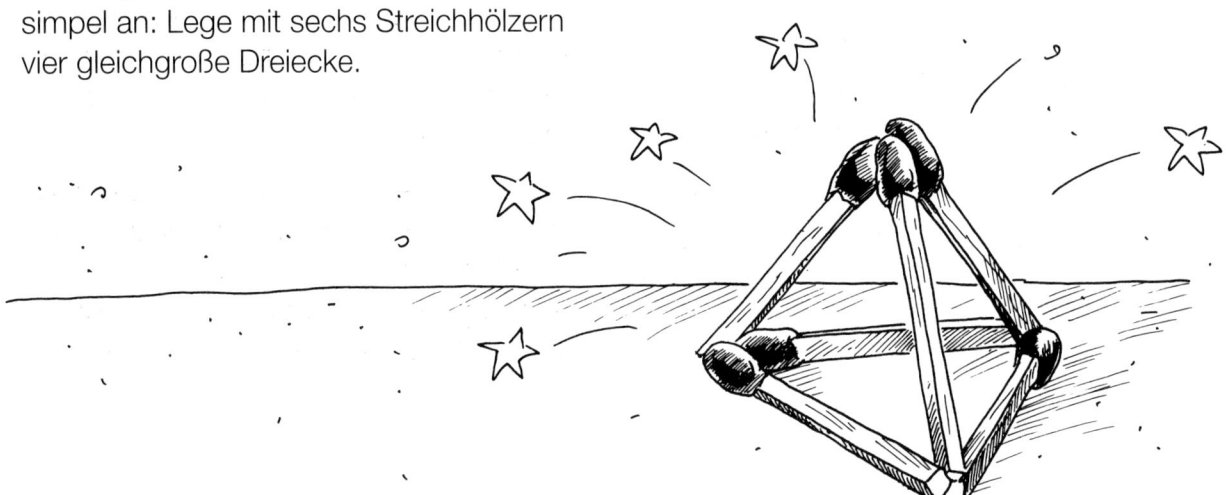

Geld in der Schüssel

Mit der Aussicht auf Geld, sind Leute oft dazu bereit, sich zum Narren zu machen und die verrücktesten Dinge zu tun. Deshalb ist es ganz einfach, einen Kandidaten zu finden, den du mit diesem Streich hereinlegen kannst. Und auch hier gilt: je mehr Zuschauer das Spektakel miterleben, desto größer ist der Spaß.

Lege einen Geldschein in eine große leere Schüssel. Dein Kandidat hat die Aufgabe, den Geldschein aus der Schüssel herauszublasen. Schafft er es, darf er den Geldschein behalten. Keine Sorge um dein Geld - dein Opfer kann gar nicht gewinnen. Schließlich spielst du ihm einen Streich und willst deinen Spaß haben, aber bestimmt nicht ärmer dabei werden.

Sobald dein Kandidat die Aufgabe begriffen hat, werden ihm die Augen verbunden, so daß er absolut nichts sehen kann. Nun tauschst du blitzschnell die Schüssel mit dem Geldschein gegen eine Schüssel mit Mehl aus. Das Geld läßt du sicherheitshalber sofort in deiner Tasche verschwinden, bevor noch jemand auf die Idee kommt, dir einen bösen Streich zu spielen.

Jetzt darf dein Streichopfer auf dein Startkommando kräftig in die Schüssel pusten.

Du kannst dir sicher leicht vorstellen, was nun passiert!?

Übrigens: Falls du einen besonders mißtrauischen Kandidaten reinlegen möchtest, der der Angelegenheit nicht so recht traut, kannst du ihm die Sache mit ein paar eingeweihten Freundinnen erst einmal vorführen, ohne daß die Mehlschüssel ins Spiel gebracht wird. Natürlich müssen deine Freundinnen dabei so tun, als ob die Geldblaserei fürchterlich schwierig wäre.

Die Geldscheine, die sie bei der Gelegenheit einstecken, geben sie dir selbstverständlich zurück, sobald ihr euer Streichopfer angeschmiert habt. Oder hast du etwa Geld zu verschenken?

Ein fesselnder Trick

„Ich kann dir einen völlig irren Trick zeigen", sagst du zu deinem Freund, während ihr gemeinsam nach der Schule an einem Tisch sitzt. „Soll ich?"

„Klar, will ich sehen", antwortet dein Freund neugierig. Wetten, daß ihm seine Neugier gleich vergehen wird?

„Bleibt aber unter uns", setzt du mit verschwörerischer Stimme noch einen drauf.

„Versprochen!" Dein Freund will es jetzt wirklich wissen. Kann er haben.

„Dazu brauche ich aber dein Lineal."

Er wird es dir geben. (Wichtig: Nimm auf keinen Fall dein eigenes. Du würdest es garantiert nie wieder sehen!)

Laß ihn seine Hände mit etwas Abstand flach, mit den Handflächen nach unten, vor sich auf den Tisch legen und weise ihn an, sie ganz ruhig zu halten. Lege sein Lineal darüber und vergewissere dich, daß es gerade liegt und nicht wackelt. Und jetzt kommt's: auf das Lineal stellst du einen bis zum Rand mit Wasser gefüllten Becher.

„Bis später!" Du verabschiedest dich mit einem teuflischen Grinsen - und läßt ihn sitzen.

Wenn er Glück hat, kommt jemand vorbei, der ihn befreit. Und wenn nicht? Du meine Güte, es gibt Schlimmeres!

Verhexte Fernbedienung   bis (je nach Eltern)

Feierabend. Deine Eltern setzen sich erwartungsvoll vor die Glotze, weil sie eine heißgeliebte Sendung sehen wollen. Doch es ist zum Verzweifeln! Sie können den richtigen Sender einfach nicht finden. Die Fernbedienung scheint verhext zu sein.

Verhext ist sie nicht - nur ein bißchen verzaubert. Du hast nämlich vorher heimlich die Sendeplätze ausgetauscht. Das Programm, das vorher mit 1 eingeschaltet wurde, erreicht man jetzt zum Beispiel mit der 7, und das Programm von 7 jetzt mit 13, usw.

Wichtiger Tip: Notiere dir beim Umprogrammieren die Veränderungen, damit du deinen Eltern zu Hilfe eilen kannst, bevor sie explodieren!

Achtung, Dosenalarm!

Du stehst, sagen wir mal, im Kinofoyer. Der große Raum ist gerappelt voll. Da ziehst du eine Coladose aus der Tasche und fängst an, damit herumzuspielen. Du wirfst sie hoch, du fängst sie auf, du läßt sie beinahe fallen, du schüttelst sie kräftig. Und du sorgst dafür, daß dir auch alle dabei zusehen.

Dann greifst du demonstrativ nach der Verschlußlasche, um die gut durchgeschüttelte Dose zu öffnen. Klar, daß jetzt alle zur Seite hüpfen, weil's gleich kräftig spritzen wird! Nun reißt du den Verschluß auf - und nichts passiert!

Das versteht kein Mensch. Und du behältst deinen Dosentrick natürlich hübsch für dich.

Etwas Vorbereitung mußt du in Kauf nehmen, um diesen tollen Streich zu spielen. Doch die explosive Wirkung ist den Aufwand mehr als wert.

Nimm eine verschlossene Coladose, stelle sie auf den Kopf und bohre ein Loch in den Boden. Wenn deine Eltern Sinn für Humor haben, helfen sie dir bestimmt gerne dabei, sobald du ihnen erzählst, worum es geht.

Die Cola schüttest du durch die Öffnung im Boden in ein Glas. In die leere Dose füllst du durch die gleiche Öffnung Leitungswasser. Weil das keine Kohlensäure enthält, kannst du es schütteln wie du willst, ohne daß beim Öffnen der Dose auch nur das Geringste passiert.

Dann wird das Loch im Boden fein säuberlich mit stabilem und zuverlässig haftendem Klebeband verschlossen. Wenn du es ganz perfekt haben möchtest, klebst du einen großen Preissticker von irgendeinem Artikel aus dem Supermarkt darüber, damit der Klebstreifen nicht zu sehen ist und niemand auf deinen Trick kommen kann.

Schon ist deine präparierte Coladose für den Einsatz bereit. Du mußt dir jetzt nur noch einen interessanten Film aus dem Kinoprogramm heraussuchen. Und schon kannst du losziehen und für richtig Action sorgen!

Konfetti-Bombe

Weil wir gerade beim Thema Kino sind... Bestimmt hast du schon einmal etwas ähnliches erlebt: Du sitzt bequem im Kino und ziehst dir einen tollen Film rein. Plötzlich - plop - landet ein ausgelutschter Kaugummi, den irgendein phantasieloser Einfaltspinsel ein paar Reihen hinter dir nach vorne geworfen hat, in deiner Frisur. Das ist widerlich und gar nicht lustig. Um das ekelhafte Ding wieder loszuwerden, wirst du höchstwahrscheinlich ein paar Strähnen deiner Haare opfern müssen, und deine prächtige Frisur ist tagelang ruiniert.

Dabei gibt es wirklich pfiffigere Möglichkeiten, wenn du den Schutz eines dunklen Kinosaals schon unbedingt für einen Schabernack ausnutzen mußt. Konfettibomben, zum Beispiel, schaden niemandem, sind aber ausgesprochen effektvoll.

Zur Herstellung von Konfettibomben benötigst du ein paar Luftballons und jede Menge Konfetti. Weil es das nicht das ganze Jahr über gibt, mußt du dir entweder im Fasching einen Vorrat anlegen oder es mit einem Bürolocher und buntem Papier selbst herstellen.

Der Rest ist einfach. Blase die Luftballons ein Stück auf, damit der Gummi ausgeweitet wird. Dann werden die leeren Ballons mit möglichst viel Konfetti gefüllt.

Aufgeblasen werden die vorgefüllten Ballons am besten erst an Ort und Stelle. Binde sie so zu, daß sich die Knoten leicht wieder öffnen lassen. Fertig.

Wenn der Einsatzzeitpunkt gekommen ist, mußt du nur noch die Knoten lösen und deine Konfettibomben in die Luft werfen. Schon zischen sie wie verrückt durch die Gegend und regnen Konfetti ab. Daß sie dabei auch noch Geräusche machen, ist ein hübscher Nebeneffekt.

Verhexte Socken

Auf manche Dinge verläßt man sich üblicherweise einfach blind.
Zum Beispiel darauf, daß die Socken, die du paarweise zusammen-
gesteckt aus der Kommode holst, auch wirklich zusammen passen.
Normalerweise tun sie das ja auch. Es sei denn, du hast mal wieder
deine Finger im Spiel und ein bißchen "gezaubert".

Socken werden gerne in Paaren kunstvoll zusammengesteckt aufbewahrt. Solltest du nicht wissen, wie das funktioniert, laß es dir von deinen Eltern bei Gelegenheit einmal zeigen. Sie freuen sich sicher über deine Ordnungsliebe. Daß du bei deinem ungewöhnlichen Interesse einen Hintergedanken hegst, mußt du ihnen ja nicht auf die Nase binden.

Sobald du dir die Kunst des Sockenzusammensteckens angeeignet hast, kannst du dich auch schon ans Üben machen. Dazu nimmst du die Sockenpaare eines ausgewählten Familienmitgliedes auseinander und steckst sie mit geschickten Fingern wieder ganz ordentlich zusammen.

Natürlich achtest du gewissenhaft darauf, daß du niemals zwei zusammengehörige Socken zu einem Paar zusammensteckst.

Am nächsten Morgen kann zweierlei passieren: Entweder merkt der Betreffende gleich, daß ihm jemand einen Streich gespielt hat. Dann ist er zumindest ein ganzes Weilchen damit beschäftigt, ein passendes Paar zu finden. Oder ihm fällt dein Sockenzauber gar nicht auf, und er läuft den ganzen Tag wie ein Zirkusclown mit zwei unterschiedlichen Socken durch die Gegend.

Wenn du die Socken nicht willkürlich zusammensteckst, sondern ein bißchen sortierst, kannst du dafür sorgen, daß dein Schabernack nicht sofort auffällt. Auf den ersten Blick ziemlich ähnlich sehen sich zum Beispiel weiße und beige oder dunkelblaue und schwarze Socken.

Übrigens: Dieser Streich ist besonders wirkungsvoll, wenn dein "Opfer" es am nächsten Morgen eilig hat...

Tückischer Wasserhahn

Wenn du einen Wasserhahn aufdrehst erwartest du, daß der Wasserstrahl senkrecht nach unten läuft. Normalerweise tut er das ja auch. Es sei denn, du hast gepfuscht.

Was meinst du, was dein Streichopfer für Augen macht, wenn der Strahl stattdessen waagrecht nach vorne spritzt? Bevor dein Kandidat so recht kapiert, was gespielt wird, ist sein Hemd bereits tropfnaß!

Dieser klatschnasse Streich läßt sich überall spielen, wo es einen Wasserhahn gibt. Du benötigst dazu lediglich einen Klebstreifen, den du so über die Öffnung des Wasserhahns klebst, daß nur vorne ein kleiner Schlitz offen bleibt. Am besten eignet sich dazu Isolierband, weil es besser klebt, als normaler Klebstreifen.

Je kräftiger dein Streichopfer den Wasserhahn aufdreht, desto nasser wird es. Jede Wette, daß er oder sie in Zukunft sparsamer mit Wasser umgeht!

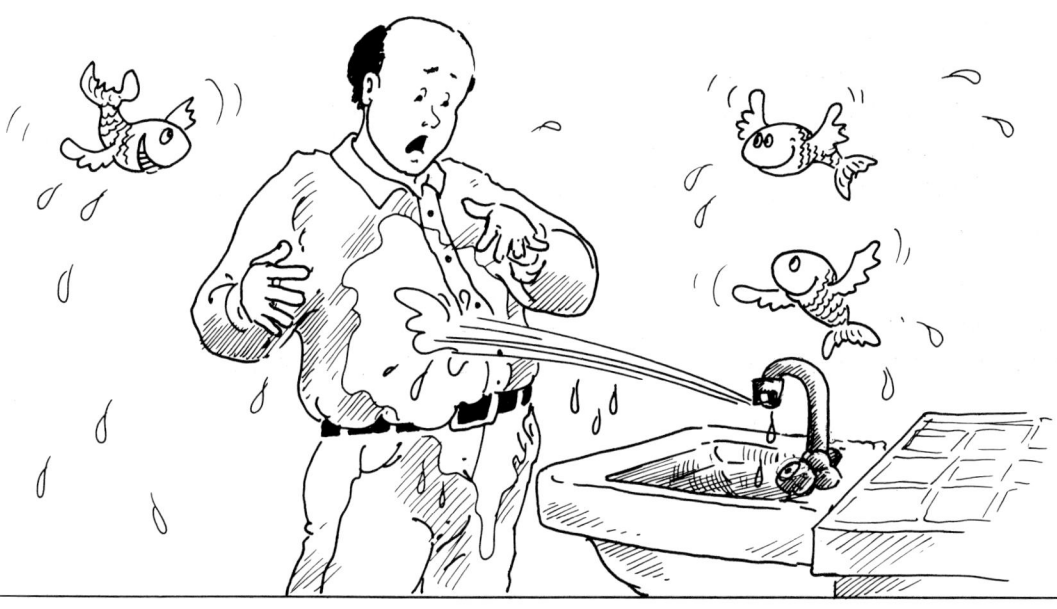

Huch, wie peinlich! 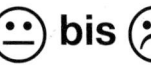 **(je nach Bruder)**

Mannomann, ist dein großer Bruder hippelig! Heute wird er zum ersten Mal seine Freundin mit nach Hause bringen. Klar, daß er sein Zimmer rechtzeitig auf Hochglanz gebracht hat, weil er sich von seiner allerbesten Seite zeigen will.

Wenn das nicht die Gelegenheit für dich ist, tatkräftig am Image deines Bruders mitzuwirken! Hat er doch verdient, oder?

Während dein Bruder unterwegs ist, ist die Gelegenheit für dich günstig, ein bißchen in seinem Wäschefach zu stöbern. Was meinst du, was seine Freundin für Augen macht, wenn das Zimmer deines Bruders bei ihrer Ankunft mit seiner Unterwäsche dekoriert ist, die du fein säuberlich im ganzen Raum verteilt hast? Die interessiert das Mädchen bestimmt und gibt dem Zimmer außerdem eine ganz persönliche Note.

Und wenn du schon dabei bist, kannst du auch gleich noch die romantische CD, die dein Bruderherz vorsorglich in den Player geschoben hat, gegen eine Scheibe von Heino oder eine mit schrecklich schrillen Opernarien austauschen. Damit bringst du garantiert Stimmung in die Bude.

Du könntest auch noch ein paar geschälte und angeschnittene (wichtig, damit sie ihr volles Aroma entfalten können) Knoblauchzehen gut versteckt im Zimmer verteilen. Aber nein, sooo fies bist du natürlich nicht...

Das Geld liegt auf der Straße

Du sitzt mit ein, zwei Freundinnen gut verborgen hinter einem Busch am Straßenrand, und ihr lacht euch krank! Auf dem Bürgersteig, von eurem Versteck aus gut zu sehen, liegt ein Markstück, und jeder der vorbeigeht, bückt sich und grapscht danach. Doch keiner hebt die Münze auf. Stattdessen ziehen eure Streichopfer leise schimpfend oder mit betretenen Gesichtern weiter – und euer Markstück wartet geduldig auf den nächsten Kandidaten.

Wahrscheinlich hast du bereits erraten, wie dieser Streich funktioniert. Richtig, die Münze wird mit Klebstoff auf einer glatten, gesäuberten Fläche am Boden festgeklebt. Am besten stellst du dich auf das Geldstück, bis der Klebstoff getrocknet ist. Es wäre doch zu ärgerlich, wenn jemand eure Münze aufhebt und einsteckt, bevor sie richtig klebt.

Natürlich kannst du auch ein Zwei- oder sogar ein Fünfmarkstück einsetzen, um für eure Streichopfer einen noch größeren Anreiz zu schaffen. Das Risiko, es zu verlieren, ist denkbar gering, solange euer Klebstoff hält, was er verspricht.

Außerdem solltest du einen Schraubenzieher oder etwas ähnliches dabei haben, damit du das Geldstück am Ende wieder vom Boden bekommst und nicht zu guter Letzt selbst die Dumme bist.

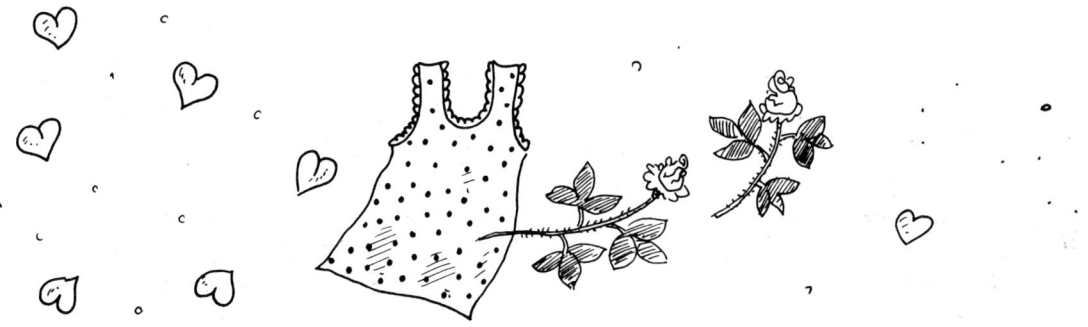

Tür-Regen

In alten Filmen wurde folgender Streich gerne benutzt: Eine Person tritt durch eine nicht ganz geschlossene Tür. Was das ahnungslose Opfer nicht weiß und nicht sehen kann: über der Tür steht ein Eimer voller Wasser, der herunterfällt, sobald die Tür geöffnet wird.

Dieser „Streich" ist ganz schön happig, und keinesfalls zu empfehlen. Oder würdest du es witzig finden, wenn dir ein Eimer von oben auf den Kopf knallt? Wohl kaum. Und ein paar Liter kaltes Wasser sind auch nicht unbedingt ein Riesenspaß. Aber so ist das eben mit Filmen: sie haben mit dem „richtigen Leben" oft nicht viel zu tun.

Doch der Streich läßt sich leicht so abändern, daß er ungefährlich ist, aber trotzdem für einen ordentlichen Schrecken sorgt.

Für einen harmlosen Tür-Regen benötigst du eine große Plastikeinkaufstüte aus dem Supermarkt, jede Menge Styroporflocken (oder notfalls Kartonschnipsel), doppelseitiges Klebeband oder gegebenenfalls ein Stück Bindfaden und normales Klebeband.

Fülle die Einkaufstüte mit den Styroporflocken. Öffne die betreffende Zimmertür einen Spalt, klemme den oberen Rand der Tüte ein und schließe die Tür.

Wenn der Abstand zwischen dem oberen Türrahmen und der Zimmerdecke nicht zu groß ist, kannst du den Boden der Einkaufstüte direkt mit dem doppelseitigen Klebeband an die Decke heften.

Ist der Abstand aber größer, als die Tüte lang ist, mußt du dir anders helfen. Binde je ein Stück Bindfaden an die beiden unteren Ecken der Tüte und klebe die anderen Fadenenden mit Klebeband so an die Decke, daß die Tüte halbwegs straff kopfüber hängt.

Wird die Tür geöffnet, regnet der Inhalt über die Person, die ins Zimmer kommt.

Verschärfte Variante:

Lege die Styroporflocken oder Kartonschnipsel kurz in den Monsterschleim
(das Rezept findest du am Ende des
Buches), bevor du sie in die Tüte füllst.

Achtung: Du solltest dazu allerdings nur
ungefärbten Monsterschleim verwenden,
weil es sonst häßliche Farbflecken auf
den Klamotten deines Opfers geben
könnte. Und der "Spaß" ginge dann
doch etwas zu weit.

Schnelles Geld

„Willst du dir auf die Schnelle 'nen Fünfer verdienen?" fragst du einen deiner Freunde.

„Was muß ich tun?" wird er wissen wollen. Logo.

Du nimmst einen Fünfmarkschein aus der Tasche, hältst ihn an der oberen Kante fest und läßt ihn nach unten hängen.

Dann läßt du deinen Freund mit der Hand um den Schein greifen, ohne daß er ihn berührt.

„Konzentriere dich gut auf den Schein", sagst du eindringlich zu deinem Freund. „Wenn ich ihn fallen lasse, schnappst du ihn. Erwischst du ihn, gehört er dir!"

„Ehrlich?"

„Seh' ich etwa wie ein Lügner aus?"

„Und das ist alles?" wird dein Freund mißtrauisch fragen. „Kein Haken oder so?"

„Also hör mal. Natürlich gibt es keinen Haken!" antwortest du empört. „Sind wir nun Freunde oder was?"

Nun wirst du die Augen deines Freundes leuchten sehen. Garantiert hält er dich jetzt für einen Vollidioten und denkt, du hättest komplett den Verstand verloren. Das Geld scheint ihm sicher zu sein, und er wird bereits überlegen, was er damit kaufen kann.

Keine Angst, dein Geld ist sicher! Aber Sekunden später wird dein Freund der Dumme sein, wenn ihm der Fünfer durch die Finger gleitet und er begierig ins Leere faßt.

Du brauchst dir um dein Geld wirklich keine Sorgen zu machen, weil du die Physik auf deiner Seite hast. Sobald dein Freund den Schein fallen sieht, dauert es etwa eine Viertelsekunde, bis der Befehl des Gehirns, zuzupacken, von seinen Fingern ausgeführt werden kann. Eine kurze Zeitspanne, zugegeben. Doch der Schein ist in der selben Zeit längst durch seine Finger geflutscht.

Nimm für den Streich einen möglichst neuen Geldschein, der noch nicht verknittert ist, damit sein Fall nicht durch zusätzlichen Luftwiderstand verlangsamt wird.

Wenn du ganz sicher gehen willst, kannst du den Trick vorher schon einmal "trocken", also ohne Wette, testen. Probier's aber unbedingt mit einer anderen Person aus. Denn wenn du es alleine versuchst, klappt's nicht. Du selbst wirst den Schein immer fangen. Die Verbindung zwischen der Hand, die den Schein losläßt und der Hand, die ihn fängt, funktioniert nämlich viel schneller, als beim Umweg über die Augen.

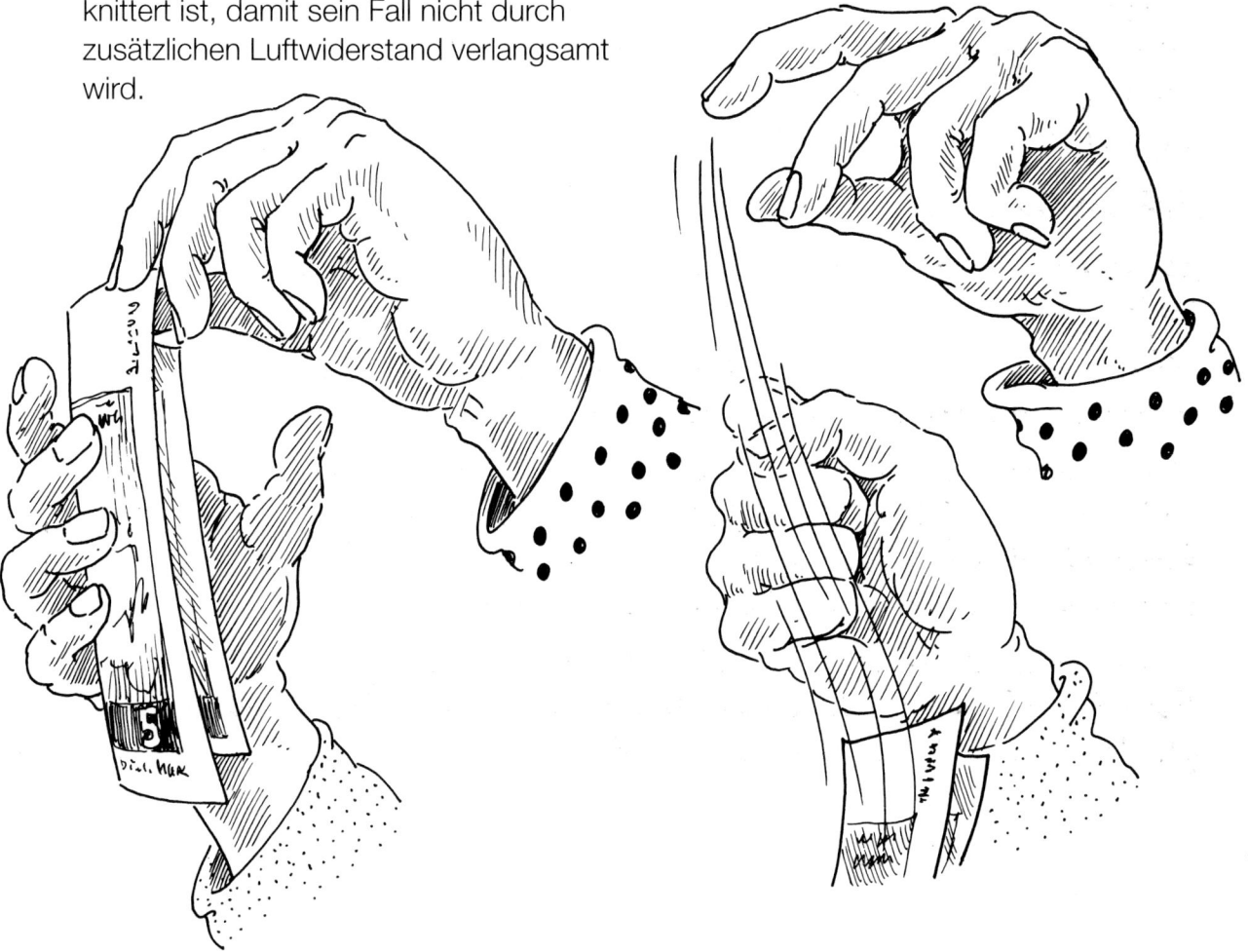

Der Autospuk

Dein Vater steigt morgens wie jeden Tag in seinen Wagen, dreht den Zündschlüssel herum ... und kann was erleben! Das Radio plärrt lärmend los, die Scheibenwischer setzen sich von ganz alleine in Bewegung, die Blinker auf der einen Seite fangen aufgeregt zu blinken an, die Lüftung bläst wie ein mittlerer Sturm. Das Auto scheint lebendig geworden zu sein und tut, was es will! Ist es völlig durchgedreht?

Natürlich nicht! Du hast nur ein bißchen an den richtigen Knöpfen gefummelt.

Nachdem das Auto am Abend abgestellt wurde, schleichst du dich heimlich hinein, und schaltest alles an, was elektrisch betrieben wird und nur funktioniert, wenn die Zündanlage eingeschaltet ist. Dazu gehören das Radio (aufgepaßt - funktioniert bei manchen Autos auch bei ausgeschalteter Zündung), das Heizgebläse, die Blinker und die Scheibenwischer.

Vorsicht: Wenn du etwas einschaltest, was auch bei ausgeschalteter Zündung funktioniert (z.B. Scheinwerfer), passiert am nächsten Morgen gar nichts - nur die Batterie ist leer, und aus deinem gutgemeinten Spaß ist ein echtes Ärgernis geworden.

Eiswürfel, die's in sich haben

Draußen ist es heiß, drinnen auch. Dein Bruder hat schrecklichen Durst, holt sich eine Limo und gibt zwei, drei Eiswürfel ins Glas.

Gleich gibt's was zu lachen, wenn dein Bruder eine entsetzte Grimasse schneidet und die Limo angewidert durch die Gegend spuckt.

Denn deine Spezialeiswürfel kühlen nicht nur, sondern sorgen gleichzeitig für einen ganz besonderen Geschmack.

.Gib Salz ins Wasser, bevor du es in euer Eiswürfelgefäß füllst. Allerdings darfst du nicht zuviel Salz verwenden, weil die Lösung sonst nicht mehr gefriert (nicht umsonst wird Salz zum Auftauen vereister Straßen benutzt). Mehr als einen Teelöffel Salz pro Viertelliter Wasser solltest du nicht nehmen. Diese Menge reicht aber auch völlig aus, um die gewünschte Wirkung zu erzielen.

Statt Salz hat sich auch Essig bestens bewährt. Natürlich eignet sich für deinen Streich nur weißer Essig, denn gefärbte Sorten verraten deinen Schabernack, bevor er wirken kann.

Besonders verschärft wirkt ein Tropfen Tabasco im Eiswürfelwasser. Aber Vorsicht! Nimm wirklich nur einen Tropfen davon. Das Zeug ist höllisch scharf!!

Schleimiger Spaß im Glas

Apropos Eiswürfel ... Die eiskalten Dinger können's auch ganz ohne Geschmackszusätze in sich haben.

Normalerweise lösen sich Eiswürfel, die zur Kühlung in ein Getränk gegeben werden, nach einer gewissen Zeit auf und verschwinden auf Nimmerwiedersehen.

Normalerweise - doch es kann auch folgendes passieren:

Deine Eltern sitzen mit ein paar Freunden in fröhlicher Runde auf dem Balkon oder im Garten. Auf dem Tisch stehen Gläser mit erfrischenden Getränken, die von Eiswürfeln kalt gehalten werden.

Plötzlich unterbricht Frau Bangemann - du weißt schon, die zickige Freundin deiner Mutter - das Gespräch und deutet auf ihr Glas. „Was zum Geier ist mit den Eiswürfeln los?" Ihre Miene ist leicht angewidert.

Alle Blicke richten sich auf die Gläser. Schon seltsam - selbst nach einer Stunde sind die Eiswürfel um keinen Deut kleiner geworden. Aber sie sehen eigenartig aus - schleimig und irgendwie ekelhaft.

Mit hochrotem Gesicht fischt deine Mutter einen der Würfel aus ihrem Glas. Er zerrinnt in ihrer Hand, fällt in dicken, unappetitlichen Tropfen auf die Tischplatte und sieht aus wie, wie, wie ... Monsterschleim!

Igittigitt! Pfui, Teufel!

Besorge dir ein Päckchen Gelatine (gibt's für ein paar Pfennige in jedem Supermarkt) und bereite sie nach der Anleitung auf der Packung zu. Fülle sie - noch flüssig - in ein Eiswürfelgefäß, das du nach dem Abkühlen ins Eisfach des Kühlschranks stellst.

Wenn dir die Monsterschleimwürfel noch zu harmlos erscheinen, kannst du mit Plastikfliegen als Einlagen für noch mehr Überraschung und Entsetzen sorgen.

Dazu füllst du das Eiswürfelgefäß nur zu etwa einem Drittel mit flüssiger Gelatine und läßt sie festwerden. Dann legst du in einige der Fächer Plastikfliegen, und füllst sie mit der restlichen - flüssig gemachten - Gelatine auf. Erst dann kommt das Eiswürfelgefäß ins Eisfach.

Solange die Monsterschleimwürfel gefroren sind, bleiben die Fliegen unsichtbar. Sie sind erst dann zu sehen, wenn die Würfel nach einiger Zeit aufgetaut sind.

Übrigens: Gelatine ist ein Lebensmittel und keinesfalls gesundheitsschädlich. Sie sieht eben nur - als Eiswürfel eingesetzt - absolut unappetitlich aus.

Kleine Mutprobe gefällig?

Wer von deinen Freunden hat Mut und traut sich, seine Hand in eine Schachtel voller glitschiger Regenwürmer zu stecken? Während deine Freunde sich fürchterlich ekeln, kannst du dir ins Fäustchen lachen.

Übrigens: Deine „Würmer" sind in Wirklichkeit alles andere als ekelhaft, und du kannst sie hinterher sogar aufessen. Vielleicht helfen dir deine Freunde dabei?

Nimm einen nicht zu großen Karton mit Deckel. Den Karton kleidest du mit Haushaltsklarsichtfolie aus. Dann füllst du ihn mit dünnen Fruchtgummischlangen, die es in jeder Supermarktsüßwarenabteilung gibt. Sprühe - am besten mit einem Zerstäuber - etwas Wasser über deine Schlangen, damit sie richtig glitschig werden. In den Deckel des Kartons schneidest du ein Loch, durch das sich eine Hand gerade so durchstecken läßt.

Jetzt kannst du deinen Freunden die Mutprobe anbieten. Natürlich erklärst du erst einmal ausführlich und anschaulich, wie du die glitschigen Würmer aus der Erde gegraben, und wieviele du in deine Schachtel gepackt hast. Je unappetitlicher deine Schilderung ausfällt, desto weniger wird sich jemand trauen, in deine Wurmsammlung zu fassen.

Wer es trotzdem wagt, darf deine Würmer hinterher gemeinsam mit dir futtern. Mut will belohnt sein.

Verschärfte Variante:

Zusätzlich ein paar Tropfen Himbeersirup über die Gummischlangen verteilt, machen das Gefühlserlebnis noch realistischer.

Kettenreaktion

Die Turnstunde ist zu Ende, und alle stürmen in den Umkleide-
raum, um sich anzuziehen.

Plötzlich bricht totales Chaos aus! Da hat doch jemand glatt alle
abgestellten Schuhe an den Schnürsenkeln zu einer langen Kette
zusammengebunden.

Wer macht denn so was? Etwa du schon wieder?

Bei diesem Streich läßt du dir am besten von einem eingeweihten Mitschüler helfen, weil er doch mit reichlich Arbeit verbunden ist, die schnell erledigt werden muß.

Wichtig: Vergeßt nicht, auch eure eigenen Schuhe mit in die Kette zu binden, weil sonst natürlich sofort klar ist, wer die Missetäter sind.

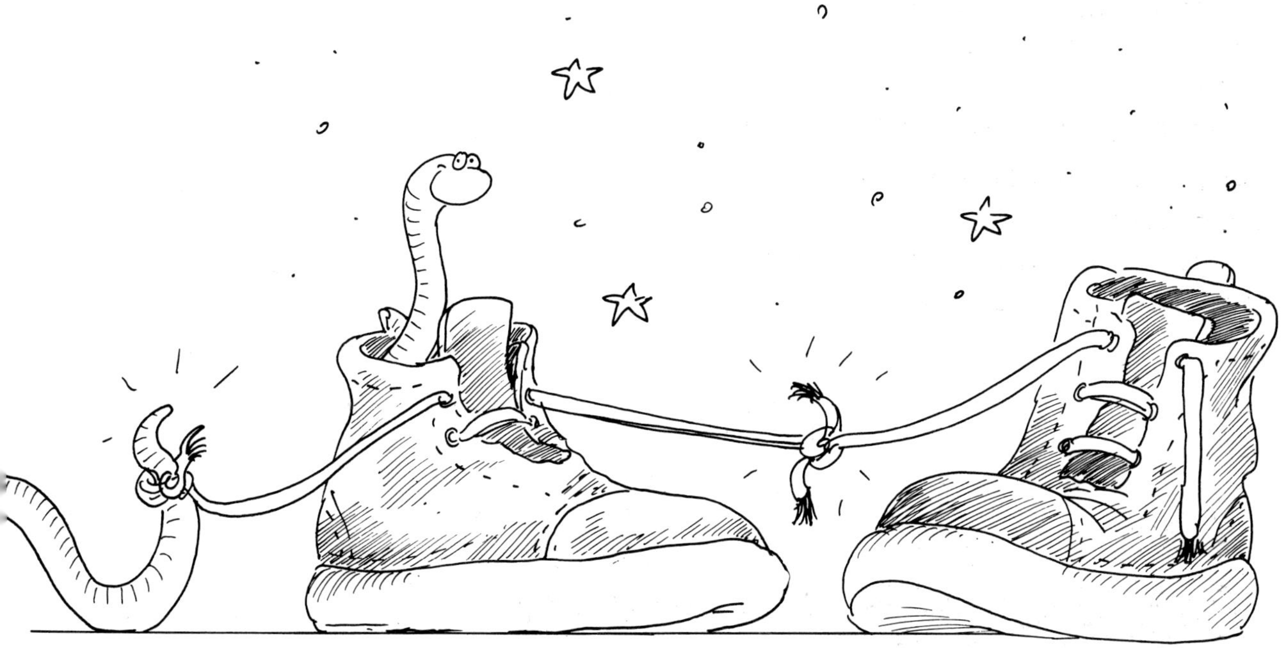

Geschrumpfte Schuhe

Mit Schuhen läßt sich natürlich noch mehr Schabernack anstellen. Hier kommt schon der nächste Streich:

Dein armes Streichopfer kann es einfach nicht glauben! Über Nacht sind seine Füße gewachsen - oder seine Schuhe kleiner geworden. Wie auch immer - die Treter drücken, aber wie!

Weder sind die Füße deines Streichkandidaten gewachsen, noch sind seine Schuhe geschrumpft. Du hast nur seine Treter ein bißchen präpariert.

Nimm dazu Watte und stopfe sie sorgfältig vorne in die Schuhe deines "Opfers". Um die volle Wirkung zu erreichen, darfst du nur so wenig Watte nehmen, daß dem Betreffenden die Veränderung der Schuhe nicht gleich, sondern erst ganz allmählich im Laufe des Tages auffällt.

Nimmst du zuviel, stört es sofort und dein Streich fliegt im Handumdrehen auf. Wenn du es aber richtig anstellst, wird der Betreffende eine ganze Zeitlang mit drückenden Schuhen durch die Gegend laufen und sich ständig fragen, was wohl mit seinen Füßen passiert ist, bevor er schließlich auf die Idee kommt, seine Schuhe gründlich zu untersuchen und des Rätsels Lösung findet.

Sag' ich doch! Schuhe sind doof!

Schlüpfrig

*Am ersten April ist mehr erlaubt, als an den dreihundertvierund-
sechzig übrigen Tagen. Da darf ein Streich ruhig auch einmal
etwas anrüchiger ausfallen, als gewöhnlich.*

So wie dieser, der sich ebenfalls auf dem stillen Örtchen abspielt.

Streiche die Klobrille sorgfältig mit farblo-
ser Vaseline ein. Man kann sie nicht sehen, man kann sie nicht riechen - aber
überdeutlich spüren, sobald man sitzt.

Tip: Wenn du dich lange genug unauffällig am Waschbecken der Toilette
aufhältst, kannst du das Grausen auf
dem Gesicht deines zufälligen Streichopfers sogar noch miterleben.

Bleischuhe

*Dein argloses Streichopfer steigt in seine Schuhe - und bleibt wie
angewurzelt stehen. Was ist denn das? Er kann seine Füße nicht
heben! Sind seine Schuhe etwa mit Blei gefüllt?*

Natürlich nicht! Du hast die Schuhe nur
mit doppelseitigem Klebeband (gibt's
zum Teppichverlegen in Baumärkten) am
Boden festgeklebt.

Dieser Streich läßt sich gut nach dem
Turnunterricht und an allen anderen Orten
durchführen, wo Leute ihre Schuhe ab-
stellen müssen.

Nicht zu empfehlen: Teppichböden sind
ungeeignet, und bei empfindlichen Bö-
den (z.B. Parkett) kann der Streich leicht
nach hinten losgehen, weil du dir eine
Menge Ärger einhandelst.

Reingelegt und Angeschmiert   bis

(je nachdem, wie lange du dein "Opfer" schmoren läßt!)

„Kannst du bitte mal eben diesen Stock für mich halten?" fragst du dein Streichopfer, das gerade ins Zimmer kommt.

Ohne lange nachzudenken, wird es dir zu Hilfe eilen und wie gewünscht den besagten Stock für dich halten.

Böser Leichtsinn, denn was nun passiert, wird dein Streichopfer garantiert lange nicht vergessen.

Alles, was du für diesen bitterbösen Streich brauchst, sind ein Stuhl, ein leerer Plastikbecher und ein Stock (z.B. ein Besenstiel).

Bevor du mit der Vorbereitung beginnst, mußt du sicherstellen, daß dein Streichopfer gleich ins Zimmer kommen wird.

Nimm den Stock und den Becher in die Hand und steige auf den Stuhl. Drücke den Becher mit der Öffnung gegen die Decke, klemme ihn mit dem Stock fest und warte auf dein "Opfer".

Sobald der Betreffende ins Zimmer kommt, sagst du deinen Spruch auf: "Kannst du bitte mal eben diesen Stock für mich halten?"

Sobald er den Stock festhält, läßt du los und steigst vom Stuhl herunter. "Halt

aber gut fest", fährst du nun fort, "denn der Becher ist bis zum Rand mit Wasser gefüllt."

Bevor dein Streichopfer kapiert, worauf es sich da eingelassen hat, nimmst du den Stuhl und bringst ihn außer Reichweite. Deinem Streichopfer bleibt nun gar nichts anderes übrig, als darauf zu warten, daß du ihn aus seiner peinlichen Lage erlöst. Schließlich geht dein Kandidat ja davon aus, daß der Becher voller Wasser ist, und an einer kalten Dusche ist er wohl kaum interessiert.

Nun kannst du mit dem Hinweis "Ich bin gleich wieder zurück!" das Zimmer verlassen und deinen Stockhalter einige Minuten lang schmoren lassen.

Anfangs wird er sich nur wundern. Nach kurzer Zeit wird ihm aber dämmern, daß du ihn böse reingelegt hast, und er wird sauer werden. Wahrscheinlich wird er zu schimpfen und maulen anfangen, so daß du ihn im Nebenraum hören kannst.

Sobald er richtig auf Touren ist, kommst du ganz lässig ins Zimmer zurück.

"Du hast mich reingelegt!" wird er mosern. Oder etwas Ähnliches.

"Und angeschmiert", kannst du trocken antworten. "Du hättest nämlich jederzeit problemlos gehen können."

Während er dich mit großen Augen ansieht, nimmst du ihm den Stock aus der Hand und läßt den Becher achtlos herunterpurzeln. Und der ist leer - von kalter Dusche keine Spur.

Mannomann, wird dein Streichopfer jetzt toben! Sieh bloß zu, daß du schnell verschwindest, bevor dich der Geleimte am Kragen hat!

So ein Stinkstiefel!

Dein Streichopfer wird bald mit einem hochroten Kopf durch die Gegend laufen, denn plötzlich sehen ihn alle so seltsam an und flüstern hinter seinem Rücken. Und der eine oder andere wird ihn sogar direkt ansprechen: „Mann, du miefst!" oder „He, du Stinkstiefel! Verzieh dich bloß!"

Natürlich hat dein Kandidat keine Ahnung, was da vor sich geht. Schließlich hat er morgens geduscht und alles. Und trotzdem - auch ihm selbst bleibt die Miefwolke, die er mit sich herumschleppt, auf Dauer nicht verborgen.

Es wird ein Weilchen dauern, bis er begreift, was gespielt wird...

...nämlich dann, wenn er die Knoblauchzehen findet, die du ihm heimlich in die Tasche gesteckt hast.

Dieser Streich läßt sich überall da spielen, wo Klamotten vorübergehend ausgezogen und abgelegt werden: in der Turnstunde, im Sportverein, im Schwimmbad, usw.

Wichtig: Die Knoblauchzehen müssen geschält und angeschnitten sein, damit sie ihr volles "Aroma" entfalten können.

Stinkbombe

Weil wir gerade bei strengen Gerüchen sind... Die können nicht nur Personen untergejubelt, sondern auch in Räumen plaziert werden.

Vorallem in der kalten Jahreszeit, wenn die Heizung läuft und die Fenster nur selten geöffnet werden, kann so eine Stinkbombe den bedauernswerten Leuten im Raum die Tränen in die Augen treiben.

Für einen echten Nasenhammer nimmst du ein Stück Limburger oder Harzer Roller, Käse also der richtig stinkt. Den legst du in dem Raum, den du verpesten möchtest, hinter einem Vorhang verborgen auf oder gut versteckt hinter einen Heizkörper.

Diese Art Käse riecht schon in kaltem Zustand mehr als streng. Angewärmt mieft das Zeug einfach bestialisch.

Den größten Effekt erzielst du, wenn du deinen Käse vor einem Wochenende auslegst, so daß er seinen "Duft" unentdeckt und ungestört zwei volle Tage lang entfalten kann, bevor der nächste Mensch den Raum betritt. Wer immer das ist - er hat garantiert nichts zu lachen!

Heiße Wette

„Wetten, daß ich eine brennende Kerze aufessen kann?" fragst du deine Freunde herausfordernd.

Als Antwort wirst du ungläubige Kommentare wie: „Du spinnst doch wohl!", „Das kannst Du deiner Großmutter erzählen!" oder „Hau bloß nicht so auf den Putz!" erhalten. Eine brennende Kerze essen - wo gibt's denn so was?

Statt lange dagegen zu halten, ziehst du ganz locker und selbstsicher eine Kerze und ein Feuerzeug aus der Tasche. Die Augen deiner Freunde werden garantiert eine Nummer größer, sobald du die Kerze auch noch anzündest.

„Also, was ist?" fragst du in die Runde. „Gilt die Wette?"

Mit einem breiten Grinsen hebst du deine Kerze hoch, öffnest den Mund und beißt das obere Kerzenende samt der Flamme ab. Bevor noch jemand etwas sagen kann, schiebst du den Rest hinterher. Ein paarmal kräftig gekaut, geschluckt - und die Kerze ist restlos verschwunden.

Schon kannst du abkassieren. Und in Zukunft werden es sich deine Freunde zweimal überlegen, ob sie über dich und deine verrückten Ideen lachen wollen. Wetten?

Dieser verblüffende Trick funktioniert ganz einfach, allerdings nur mit der richtigen Kerze. Die gibt's nirgends zu kaufen. Du mußt sie dir selbst herstellen. Und das geht so:

Schneide dir aus einem großen Apfel ein Stück in Form einer Kerze aus. Als Docht steckst du in das eine Ende einen dün-

nen Stift, den du dir aus einer Mandel geschnitzt hast. Auf den ersten Blick sieht deine Fruchtkerze wie eine ganz normale aus. Weil die Mandel Öl enthält, brennt sie für kurze Zeit.

Du mußt deine Nummer ziemlich rasch abziehen, damit deine Freunde sich die Kerze nicht zu genau ansehen können, und damit der Mandeldocht nicht ausgeht, bevor du die Kerze im Mund hast.

Keine Angst vor der Flamme. Sie verlöscht sofort, wenn du den Mund schließt. Wenn dir das zu gefährlich erscheint, kannst du sie aber auch schon unauffällig ausblasen, während du die Kerze in den Mund schiebst.

Wichtiger Hinweis: Mit Feuer ist nicht zu spaßen. Deshalb solltest du im Umgang mit offenem Feuer immer ganz besonders vorsichtig sein!

Eiskalte Wette

Noch eine Wette gefällig? Bitteschön – wie wär's mit dieser?

Wenn du deinen Freundinnen oder Freunden erzählst, du könntest einen Schneeball anzünden, wird dir das natürlich keiner glauben. Das hört sich ja auch ziemlich verrückt und kaum vorstellbar an.

Trotzdem kannst du getrost darauf wetten. Mit einem kleinen Trick ist es nämlich ganz einfach, einen echten Schneeball zum Brennen zu bringen.

Besorge dir vorher in der Apotheke etwas Kampfer, ein weißes, kristallines Pulver. Wenn du eine kleine Prise davon - unbemerkt - in einen Schnellball drückst, läßt er sich problemlos anzünden und brennt wie eine Fackel.

Wichtig: Mit Feuer ist nicht zu spaßen. Führe deinen Trick deshalb nur im Freien vor, lege den Schnellball vor dem Anzünden auf den Boden und achte sorgsam darauf, daß sich nichts Brennbares in seiner unmittelbaren Nähe befindet!

Starke Wette

Du nimmst ein gefülltes Trinkglas in die rechte Hand und streckst den Arm nach vorne aus. Nun forderst du deinen Wettgegner heraus. „Halte meinen Arm so fest wie du kannst. Du darfst dazu beide Hände nehmen. Wetten, daß ich das Glas trotzdem austrinken kann?"

Du wirst ein hämisches Grinsen ernten. Dein Wettgegner hört den Gewinn schon in seiner Tasche klimpern. Er packt deinen ausgestreckten rechten Arm mit beiden Händen und hält ihn wie in einem Schraubstock fest.

Doch das Lachen wird deinem Wettgegner gleich vergehen, denn jetzt bist du am Zug.

Nimm das Glas mit der linken Hand aus der rechten, hebe es zum Mund und trinke es aus. Wer zuletzt lacht, lacht am besten - du hast die Wette gewonnen!

Eier-Wette

Auch diese Wette gewinnst du mit Sicherheit:

Wer ein ganz normales Hühnerei, ohne es zu beschädigen, senkrecht auf die Tischplatte stellen kann, gewinnt. Natürlich haben deine Freunde keine Chance, denn wie sehr sie sich auch abmühen, das Ei legt sich unbeirrbar waagrecht. Doch dann kommst du mit einem kleinen Trick und sorgst mal wieder für Verblüffung.

Nimm das Ei, halte es kurz unter einen Wasserstrahl und drücke es dann mit dem runden Ende in Salz. Das Salz bleibt in einer dicken Schicht an der nassen Eischale kleben.

Und schon kannst du das so präparierte Ei problemlos senkrecht auf den Tisch stellen.

Der gefüllte Schwamm bis (je nach Lehrer)

Es ist zum Haareausraufen! Dein Lehrer versucht verzweifelt die Tafel abzuwischen, doch es will und will ihm einfach nicht gelingen. Selbst frisches Wasser hilft keine Spur. Je länger er wischt, desto verschmierter sieht die Tafel aus. Das kann doch nicht mit rechten Dingen zugehen!

Sieht ganz danach aus, als wäre der gefüllte Schwamm im Spiel ...

Um den Tafelschwamm zu füllen, schneidest du ihn seitlich ein. Der Einschnitt sollte möglichst klein und unauffällig, aber tief sein. Mit dem Finger weitest du das Loch im Schwamminneren behutsam aus.

Als Füllung kommt Verschiedenes in Frage:

- Ein Stück Kreide - löst sich beim Auswaschen des Schwammes auf. Auch ein äußerlich sauberer Schwamm schmiert dadurch entsetzlich.

- Mayonnaise - macht den Schwamm fettig, und damit schwer zu reinigen.

Beim Wischen wird die Tafel eingefettet und glänzt dadurch toll - nur die Kreide will plötzlich nicht mehr so recht haften.

- Senf - schmiert und hinterläßt unerklärliche Spuren auf der Tafel.

- Monsterschleim (das Rezept dazu findest du hinten im Buch) - macht den Schwamm unappetitlich und glitschig.

Bestimmt fallen dir noch mehr gewitzte Füllungen für den Tafelschwamm ein, wenn du mal so richtig darüber nachdenkst, stimmt's?

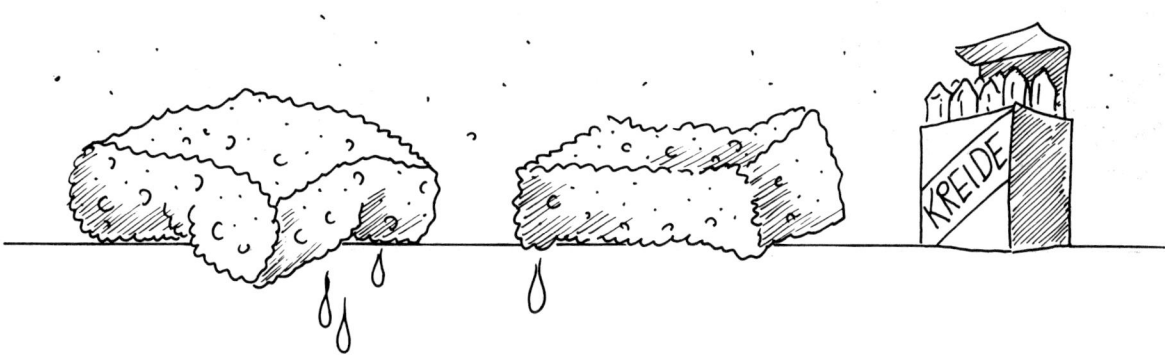

Kinderschreck

Du hast deine beste Freundin zu Besuch, und ihr habt eine Menge zu bequatschen: die heißen Klamotten, die ihr auf dem Schulweg in einem Schaufenster gesehen habt, den süßesten Jungen in eurer Klasse, die neue Scheibe eurer Lieblingsband...

Wenn bloß Mäxchen, dein kleiner Bruder, nicht ständig ins Zimmer platzen und euch stören würde. Jetzt hilft nur noch ein kleiner Streich, um euch die Nervensäge eine Zeitlang vom Hals zu halten.

„Guck mal, Mäxchen", raunst du geheimnisvoll und reißt dir vor seinen Augen den Daumen aus. Dazu ziehst du eine fürchterliche Grimasse. Dein Bruderherz sich wird erst einmal ganz schön erschrecken.

Nun sagst du: „Zeig mir doch mal deinen Daumen, Mäxchen", und machst dazu eine Geste des Daumenausreissens.

Schon ist Mäxchen aus dem Zimmer und wird sich so schnell nicht wieder blicken lassen.

Na also. Warum nicht gleich?

Selbstverständlich reißt du dir den Daumen nur scheinbar aus. Und das geht so: Halte deine rechte Hand (falls du Linkshänder bist, die linke) so vor deinen Körper, daß die Handfläche zu deinem Körper zeigt. Den Daumen biegst du in einem 90°-Winkel nach unten.

Den Daumen der linken Hand (wenn du Linkshänder bist, der rechten) biegst du zur Handfläche hin und drückst ihn gegen den "Stummel" deines umgebogenen rechten Daumens. Die Verbindungsstelle der beiden umgeknickten Daumen verdeckst du mit dem Zeigefinger der linken Hand.

Nun kommt dein "schrecklicher" Auftritt: Reiße dir vor den Augen deines erschrockenen Streichopfers den Daumen ab, indem du die beiden zusammengeschobenen Daumenhälften mit einem Ruck auseinanderziehst, und sie rasch wieder zusammenführst.

Wenn dein Streichopfer nicht gleich in Ohnmacht fällt oder laut schreiend davonläuft, wird es doch zumindest ein weißes Näschen bekommen.

Tip: Bevor du den Daumenabreisser das erste Mal vorführst, solltest du ihn vor einem Spiegel so lange üben, bis du den Trick perfekt beherrschst.

Wichtig: Sobald deine Freundin gegangen ist, zeigst du Mäxchen natürlich, daß dein Daumen noch immer an deiner Hand sitzt, und erklärst ihm, daß du ihm nur einen Streich gespielt hast! Schließlich willst du als größere Schwester doch nicht, daß er womöglich auf dumme Gedanken kommt oder gar einen Schock fürs Leben davonträgt!

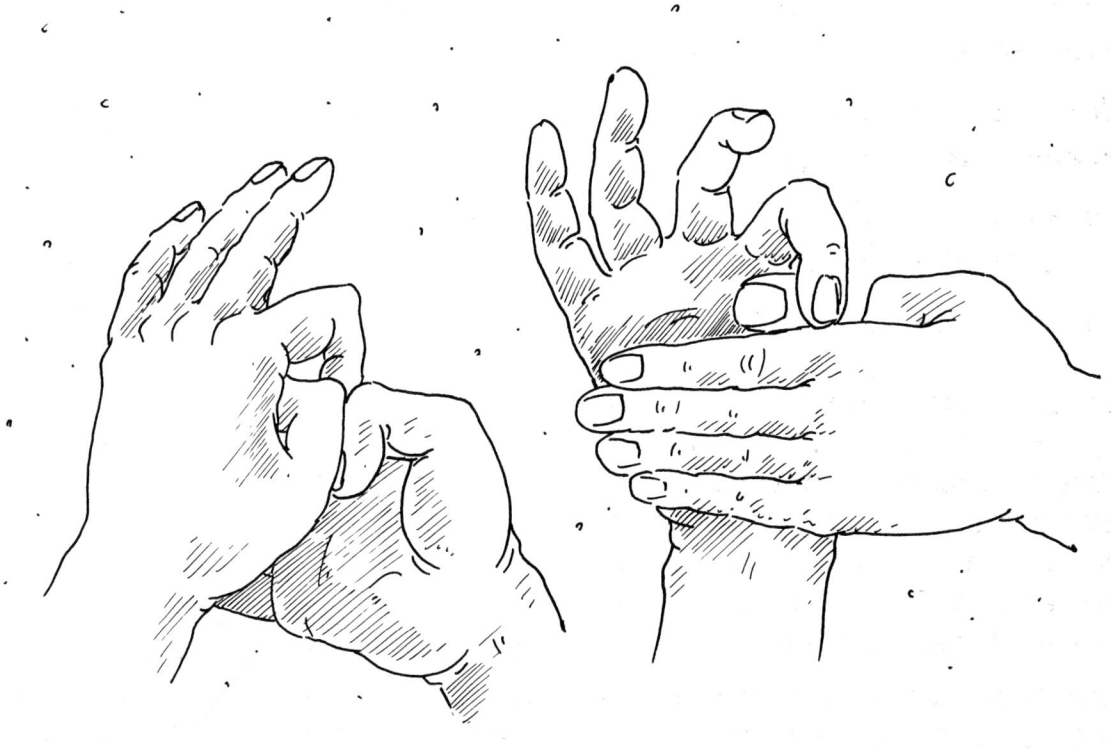

Mit dem Finger durch den Kopf

Wenn Mäxchen das nächste Mal in dein Zimmer geschnabelt kommt und dich und deine Freundin stört, hast du natürlich ein ernsthaftes Problem. Mit dem „Kinderschreck" brauchst du ihm nicht mehr zu kommen, denn den kennt er mittlerweile ja schon, und ein zweites Mal fällt er bestimmt nicht darauf rein.

Bloß gut, daß du noch einen echten Kinder-Schocker auf Lager hast: du schiebst dir vor Mäxchens Augen einen Finger durch den Kopf. Und siehe da, schon geht die kleine Nervensäge laufen!

Für diesen Trick mußt du vorher üben - am besten vor dem Spiegel. Wenn du ihn aber erst einmal beherrschst, kannst du mit diesem Trick nicht nur deinen kleinen Bruder erschrecken, sondern auch bei deinen Freundinnen und Freunden ganz schön Eindruck schinden.

So wird's gemacht: Stecke deinen ausgestreckten Zeigefinger ins Ohr und tue so, als wenn du mit aller Kraft versuchen würdest, ihn hineinzuschieben. Wenn du dazu ein bißchen schnaufst und stöhnst, wirkt es noch realistischer. Dann knickst du blitzschnell die beiden oberen Fingerglieder nach hinten weg. Es sieht nun so aus, als wenn dein Finger bis zum Ansatz des letzten Gliedes im Ohr verschwunden wäre. Gleichzeitig schiebst du - und das macht den Effekt erst perfekt - deine Zunge ebenso blitzartig in die gegenüberliegende Backe, so daß der Eindruck entsteht, als würde dein Finger deine Backe ausbeulen. Jetzt kannst du deinen Finger im Ohr und deine Zunge in der Backe gleichzeitig ein bißchen bewegen, um die Illusion zu verstärken.

Also, stell dich vor den Spiegel und probier's aus. Na, sieht das nicht einfach abscheulich aus?

Denkzettel

Wo auch immer du hinsiehst, gibt es solche und solche. Warum sollte das mit Lehrern anders sein? Da gibt es ebenfalls die Netten und die nicht so Netten. So ist das eben. Wäre ja auch nicht weiter schlimm, wenn es da nicht auch noch ein paar ganz Unangenehme gäbe, die ihren Schülern das Leben mit Hingabe versauern, viel lieber schlechte als gute Noten verteilen, und die Schule mit einem Gefängnis verwechseln.

Hast du auch einen von der Sorte? Wahrscheinlich nicht! Wenn aber doch, dann hat er sich längst einen Denkzettel verdient. Den kann er haben!

Schreibe folgenden Text auf einen kleinen Zettel:

Denkzettel

Wer etwas gut kann, tut es,

wer etwas nicht so gut kann, bringt es anderen bei!

Sprichwort

Wenn ihr in der Schule das nächste Mal eine Arbeit schreibt, plazierst du diesen "Denkzettel" da, wo du normalerweise einen Spickzettel verstecken würdest. Im Gegensatz zu einem Spickzettel, darf dein biestiger Lehrer deinen "Denkzettel" aber gerne finden.

Wenn dein Lehrer dir mißtraut, und deinen Platz nach einem Spicker durchsucht, wird er den "Denkzettel" finden. Gut so, er hat ihn verdient.

Läßt dein Lehrer dich aber unbehelligt, wird er den "Denkzettel" auch nicht entdecken. Das ist noch besser, denn dann scheint er ja gar nicht so übel zu sein. Wahrscheinlich hast du ihn nur falsch eingeschätzt.

Der abgeschnittene Finger

„Ihr werdet nicht glauben, was ich heute mitten auf der Straße gefunden habe", erklärst du im Kreis deiner Freunde und Freundinnen. Dazu setzt du ein geheimnisvolles und leicht angewidertes Gesicht auf.

„Einen Fünfzigmarkschein, vielleicht?", „Einen goldenen Ring?", „Einen toten Fisch?", „Oder eine volle Brieftasche?", „Einen ausgesetzten Hund?" wird dein Publikum vermuten.

Du schüttelst den Kopf. Alles falsch. Du kannst sicher sein, sie werden im Leben nicht draufkommen. Aber laß sie ruhig noch ein bißchen raten. Das macht die Sache spannender.

Wenn alle so richtig heiß darauf sind, endlich zu erfahren, was du gefunden hast, erzählst du umständlich deine Geschichte, die etwa folgendermaßen endet:

„...ich weiß wirklich nicht, ob ich euch das Ding zeigen soll. Es ist einfach zu ekelhaft." Dabei ziehst du zögernd deine Hand aus der Tasche und deckst sie blitzschnell mit der anderen Hand ab. Deine Zuhörer haben jetzt bestimmt schon lange Hälse. Laß sie zappeln. Gleich werden sie große Augen machen!

Nun nimmst du ganz langsam die eine Hand weg, und da ist dein Fund: ein abgeschnittener Finger in einer kleinen Schachtel. Sogar Blut klebt noch dran.

Kannst du dir vorstellen, was für einen Schrecken deine Freunde bekommen werden?

Sie werden glotzen und glotzen. Doch es gibt keinen Zweifel, der Finger in der Schachtel ist echt! Einfach grauenhaft!

Jetzt kannst du die Hand wieder in deiner Tasche versenken. Deine Zuschauer haben genug gesehen. Oder warum sollten sie sonst auf einmal so entsetzlich blaß um die Nasen sein?

Daß der Finger in der Schachtel so unheimlich echt aussieht, liegt daran, daß es dein eigener ist. Allerdings ist er nicht abgeschnitten. Das sieht nur so aus.

Dieser Streich muß vorbereitet werden. Du benötigst dazu eine kleine Schachtel (z.B. Streichholzschachtel), etwas Watte, ein bißchen Babypuder (Mehl tut's zur Not auch) und etwas Ketchup oder rotgefärbten Monsterschleim.

Entferne den Deckel von der Schachtel und schneide ein Loch in den Boden der Schachtel, das groß genug ist, daß dein Zeigefinger durchpaßt. In die Schachtel legst du etwas Watte.

Du streust etwas Puder auf deinen Zeigefinger, den du sorgfältig verreibst. Dann schiebst du deinen Finger von unten durch das Loch, knickst ihn ab und legst ihn in die Schachtel. Nun brauchst du nur noch das "abgeschnittene" Ende und die Watte darum herum mit etwas Ketchup oder rotgefärbtem Monsterschleim zu dekorieren.

Fertig - die grausige Illusion ist perfekt.

Das Extra-Pausenbrot

„Kann ich was von deinem Pausenbrot abhaben?" Die Frage kennst du schon auswendig. Du hörst sie nämlich tagtäglich von Susi. So gerne du deine Freundin auch magst, mit dieser lästigen Angewohnheit geht sie dir manchmal ziemlich auf den Keks. Das Mädchen ist einfach zu faul, sich morgens vor der Schule was zu futtern einzustecken.

„Sag mal, kannst du dir nicht wenigstens einmal selbst etwas mitbringen? Mir macht Brotestreichen am frühen Morgen auch keinen Spaß!" willst du genervt von ihr wissen.

„Morgen denk ich ganz bestimmt dran", verspricht Susi. „Ehrlich!" Wetten, daß sie ihren guten Vorsatz bis zum nächsten Tag schon längst wieder vergessen hat?

Freundschaft hin, Freundschaft her - soviel Faulheit darf auf Dauer nicht unterstützt werden. Du mußt deiner Freundin unbedingt helfen, ein bißchen selbständiger zu werden. Deshalb bringst du ihr am nächsten Tag ganz für sie alleine ein Extra-Pausenbrot mit, das es in sich hat und ihr ein für allemal den Appetit auf deine leckeren Stullen verdirbt!

Was ißt Susi gerne? Marmelade, Käse, Erdnußbutter? Was auch immer es ist, belege oder bestreiche eine Brotscheibe damit. In die Mitte kommt zusätzlich etwas, was überhaupt nicht dazupaßt, z.B. Zwiebelscheiben oder Senf zu Erdbeermarmelade, Schokocreme zu Schinken oder Honig auf Salami.

Wenn Susi besonders hart im Nehmen ist, und sich durch dein Extra-Pausenbrot beim ersten Mal nicht einschüchtern läßt, solltest du zusätzlich Pfeffer, Meerrettich, Tabasco oder Chili in Betracht ziehen.

Aber Vorsicht: wenn du zuviel von diesen scharfen Gewürzen nimmst, bist du womöglich nicht nur eine unersättliche Mitesserin, sondern auch deine Freundin los!

Fröhliche Ostern!

  bis

(je nach Inhalt der Eier)

Ostermorgen. Der Tisch ist festlich gedeckt. Die ganze Familie sitzt beim gemeinsamen Frühstück. Der Kaffee duftet mit frischen Brötchen verführerisch um die Wette. Ein Korb voller bunter Eier lädt zum Zugreifen ein.

Aber Vorsicht! Einige der Eier stecken voller Überraschungen!

Für diesen Streich benötigst du einige ausgeblasene Eier. Dazu stichst du in jedes Ei oben und unten je ein kleines Loch. Wenn du kräftig in das eine Loch hineinpustest, kommt der Inhalt durch das Loch auf der anderen Seite heraus. Fang den Inhalt in einer Schüssel auf. Die kommt anschließend in den Kühlschrank, denn die schalenlosen Eier lassen sich noch gut zum Kochen oder Backen verwenden.

Die ausgeblasenen Eier kannst du nun füllen. Als Füllung kommt Verschiedenes in Frage: Wasser, Sand, Mehl, Monsterschleim, Gips, Wackelpudding - oder was immer dir sonst einfällt.

Um die Eier besser füllen zu können, wirst du eines der beiden Löcher ein wenig ausweiten müssen. Sobald ein Ei gefüllt ist, werden die Löcher sorgfältig mit Klebstoff, Wachs oder Tipp-Ex verschlossen. Wenn der Verschluß getrocknet ist, malst du das Ei hübsch an, damit es genauso harmlos, wie die übrigen Ostereier, aussieht.

Nun legst du deine präparierten Eier zu den richtigen Ostereiern in den Korb. Jetzt brauchst du nur noch abzuwarten, bis sie geöffnet werden. Aber merk dir gut, wie deine "faulen" Eier aussehen, damit du nicht versehentlich selbst auf deinen Streich hereinfällst!

Scherben bringen Spaß

„Kannst du das mal kurz für mich halten?" fragst du deine Freundin und reichst ihr dabei ein hübsch dekoriertes Päckchen - offensichtlich ein Geschenk.

„Klar", sagt sie und greift danach.

Doch noch bevor sie es richtig in den Händen hat, läßt du es los. Das Päckchen knallt auf den Boden, und es klirrt.

„Oh, nein", schreist du und machst ein erschrockenes Gesicht. „Das war das Geburtstagsgeschenk für meine Tante!" Du nimmst das Päckchen hoch und schüttelst es kräftig. Drinnen kann man deutlich die Scherben scheppern hören. „Hör nur! Die teure Vase! Jetzt ist sie kaputt!"

Deiner Freundin ist das ganze natürlich peinlich, und sie wird sofort damit beginnen, sich zu verteidigen. Laß sie gar nicht erst zu Wort kommen.

„Was mach ich nur, was mach ich nur?" jammerst du stattdessen völlig niedergeschlagen - je dramatischer, desto besser.

Nun läßt du dich von deiner Freundin ordentlich bemitleiden und trösten. Rede ihr ein schlechtes Gewissen ein. Mach ihr klar, wie schrecklich das Malheur für dich ist.

Und wenn deine Freundin richtig fertig mit der Welt ist, packst du dein Geschenkpaket aus, läßt sie hineinschauen - und lachst dich schief.

Wenn deine Freundin Spaß versteht, wird sie mitlachen. Wenn nicht, hast du wohl die falsche für deinen Streich ausgesucht. Sie war doch hoffentlich nicht deine einzige Freundin!?

Für diesen Streich benötigst du eine Pappschachtel mit Deckel, Geschenkpapier, eine Schleife - und Scherben. Denn natürlich steckt in deinem "Geschenkpaket" keine teure Vase, sondern es befinden sich von Anfang an Scherben darin.

Frage deine Eltern, ob sie irgend welches altes oder angeschlagenes Geschirr haben, das sie schon längst wegwerfen wollten. Das haben sie bestimmt, und sie werden es dir sicher gerne zur Verfügung stellen.

Stecke das ausgemusterte Teil in eine Plastiktüte und zerschlage es mit einem Hammer in Scherben. Die kippst du in deine Pappschachtel. Die Schachtel wird geschlossen und mit Geschenkpapier und einer Schleife in ein hübsches Präsent verwandelt.

Nun brauchst du dich nur noch nach einem Kandidaten umzusehen, den du hereinlegen willst, und schon kannst du mit deiner Show beginnen.

Wichtig: Achte darauf, daß du dein Päckchen anfangs nur sachte bewegst, damit die Scherben darin nicht schon klirren und dein Vorhaben verraten, bevor dein Präsent auf dem Boden landet.

Botschaft aus dem Jenseits

Du sitzt mit deiner Freundin in deinem Zimmer. Es ist Abend und draußen bereits stockdunkel.

Ihr erzählt euch gegenseitig unheimliche Geschichten. Wenn euch gerade die ersten kalten Schauer über den Rücken laufen, legst du, wie zufällig, ein scheinbar leeres Blatt Papier unter die angeschaltete Schreibtischlampe. Sorge dafür, daß dir deine Freundin dabei zusieht.

Nach kurzer Zeit erscheint auf dem leeren Blatt, ganz allmählich und wie von Geisterhand geschrieben, eine Botschaft.

„W-as ... was ist d-d-enn d-das?" stotterst du gespielt entsetzt und fassungslos.

Hat euch ein Geist geschrieben? Spukt es in deinem Zimmer?

Deine ahnungslose Freundin wird jedenfalls vor Schreck fast vom Stuhl fallen. Wetten?

Natürlich erscheint auf dem Blatt Papier keine Botschaft aus dem Jenseits, sondern nur der Text, den du vorher mit unsichtbarer Tinte darauf geschrieben hast. Die Wärme, die von der Schreibtischlampe ausgestrahlt wird, macht deinen Text sichtbar. Ein wirklich gruseliger Effekt!

Als unsichtbare Tinte verwendest du den Saft einer Zitrone, und zum Schreiben benutzt du einen dünnen Pinsel. Was du als Geisterbotschaft auf das Blatt schreibst, bleibt deiner Phantasie überlassen und hängt von der gruseligen Geschichte ab, die du deiner Freundin erzählst.

Hatschi!

Kaum hat der Winter begonnen, fangen auch schon alle zu husten und zu niesen an. So eine Erkältung kann ganz schön nerven. Doch immer zu Scherzen aufgelegt, läßt du dich von einem kleinen Schnupfen noch lange nicht unterkriegen, sondern sorgst stattdessen lieber für gute Laune.

Du stehst mit ein paar verschnupften Mitschülern vor eurem Klassenzimmer herum. Ihr wartet auf das Ende der Pause. Plötzlich setzt du ganz offensichtlich zu einem gewaltigen Nieser an. Du schneidest eine entsprechende Grimasse und ziehst mit großer Geste dein Taschentuch aus der Hose. Du niest kräftig. Dein Taschentuch fliegt mit Schwung davon, landet auf dem Boden - und springt in die Höhe!

Was meinst du, was deine Mitschüler für Augen machen werden?

Für diesen Auftritt benötigst du ein Taschentuch (eines aus richtigem Stoff), einen Gummiring und einen kleinen Hartgummiball (auch als „Flummi" oder „Superball" bekannt). Den Ball legst du in die Mitte des auseinandergefalteten Taschentuche und befestigst ihn mit dem Gummiring.

Wenn du das präparierte Taschentuch für deinen Auftritt aus der Tasche ziehst, mußt du darauf achten, daß niemand den kleinen Ball darin sehen kann. Beim Niesen reißt du die Arme auseinander und schleuderst das Taschenbuch dabei gleichzeitig mit Schwung auf den Boden. Der Ball darin sorgt dafür, daß es zur Überraschung aller Umstehenden auf und davon springt.

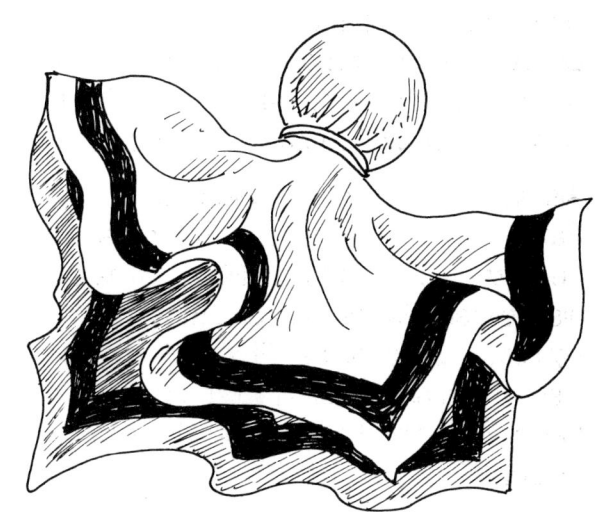

Ständig besetzt

  bis

(je nachdem, wie dringend das Bedürfnis der Streichopfer ist)

Wenn du im Bad vor dem Spiegel stehst, um dich schön zu machen, braucht das eben seine Zeit. Das versteht doch jeder - nur deine Schwester nicht. Kaum hast du die Tür hinter dir verschlossen, klopft sie auch schon von draußen daran, weil sie ausgerechnet jetzt unbedingt aufs Klo muß.

Na gut, wenn sie klopfen will, dann soll sie das ruhig - aber ohne dich!

Die meisten Badezimmertüren werden nicht mit einem Schlüssel verschlossen, sondern mit einem speziellen Riegel. An der Innenseite gibt es dafür einen Knebel, an der Außenseite nur einen Schlitz. Mit einem Geldstück, das du in den Schlitz schiebst, kannst du die Tür problemlos von außen auf- und zuschließen.

Diese Möglichkeit kannst du nutzen, um deiner Schwester einen Streich zu spielen, indem du die Tür von außen verschließt und dich verkrümelst. Weil die Tür zugesperrt ist, wird sie denken, du wärest darin. Jetzt kann sie klopfen solange sie will, ohne dich damit zu belästigen.

Übrigens: An der Zeitspanne, die sie benötigt, bis sie dir auf die Schliche kommt und feststellt, daß gar niemand im Bad ist, kannst du ganz nebenbei ihren Grips messen.

Schulvariante:

Wenn die Toilettentüren in deiner Schule ebenfalls über solche Schlitze an der Außenseite verfügen, kannst du mit einem Geldstück in einem unbeobachteten Moment alle Türen gleichzeitig von außen verschließen. Deine Mitschüler(innen) werden garantiert begeistert sein, wenn sie in der großen Pause vor verschlossenen Klotüren stehen. Meinst du nicht?

Vorsicht: Laß dich besser nicht dabei erwischen. Manchen Leuten geht leider jeglicher Humor ab.

Monsterschleim zum Selbermachen

Monsterschleim ist eine ziemlich unappetitliche Pampe, die sich zu den verschiedensten Gelegenheiten einsetzen läßt. Sie macht sich gut auf Lehrerpulten, Waschbecken, Schultafeln, Frühstückstischen, und ... wir sind sicher, dir fällt noch viel mehr dazu ein!

So wird Monsterschleim gemacht:

Besorge dir im Supermarkt Gelatine. Die gibt's in Pulverform oder als Gelatineblätter, und sie ist nach der Anleitung auf der Packung ganz leicht herzustellen.

Wenn Gelatine nicht hübsch dekoriert und mit allerlei Zutaten zum Essen angerichtet wird, wirkt sie schon in ihrer reinen Grundform ganz schön eklig. Der Monsterschleim läßt sich aber - je nach Verwendungszweck - noch aufpeppen und um einiges unappetitlicher gestalten:

- Mit Lebensmittelfarben kannst du ihn im flüssigen Zustand beliebig einfärben: eklig hellgrün zum Beispiel oder blutrot.

- Wenn du zum Anrühren der Gelatine schwarzen Tee statt Wasser verwendest, erhältst du bräunlichen Monsterschleim.

- Wenn du beim Anrühren mehr Wasser zufügst, als auf der Packung angegeben ist, wird der Monsterschleim nicht richtig fest und wirkt dadurch ziemlich "rotzig".

- Getrocknete Kräuter machen sich ebenfalls reichlich unschön. Probier's aus. Ein bißchen Experimentieren lohnt sich.

- Auch Kaffeesatz oder ausgekochte Teeblätter, vor dem Festwerden unter deinen noch flüssigen Monsterschleim gerührt, machen ihn ausgesprochen unappetitlich.

- Sand gibt dem Monsterschleim eine interessante Struktur. Allerdings wird er dadurch ungenießbar.

- Senf färbt den Monsterschleim gelblich und macht ihn dabei gleichzeitig undurchsichtig.

- Alle Zusätze lassen sich beliebig kombinieren, und sicher fällt dir noch mehr ein, was sich hineinmischen läßt. Laß ruhig deine Phantasie spielen - Probieren geht bekanntlich über Studieren.

Ein merkwürdiger Kaktus

Züchtet irgend jemand in deiner Familie oder in deinem Bekanntenkreis Kakteen? Dein Opa vielleicht oder eine gute Freundin deiner Mutter?

Kakteenfreunde freuen sich immer über ein neues Exemplar ihrer stachligen Lieblinge – ganz besonders, wenn es sich dabei um eine ganz außergewöhnliche und nie zuvor gesehene Pflanze handelt.

Dein Kakteen sammelndes Streichopfer wird sicher große Augen machen, wenn es eines Tages so ein völlig unbekanntes Exemplar zwischen all seinen anderen, liebevoll umsorgten Pflanzen stehen sieht. Und noch viel überraschter wird es sein, wenn es deinen Kaktus etwas genauer unter die Lupe nimmt und feststellen muß, daß der vermeintliche Kaktus in Wirklichkeit etwas völlig anderes ist.

Was für ein Glück, daß sauer bekanntlich lustig macht!

Alles, was du für diesen verblüffenden Streich brauchst, sind eine dicke, große saure Gurke, ein kleiner Blumentopf, ein bißchen Blumenerde und eine ausrangierte Haarbürste mit festen Naturborsten.

Die saure Gurke wird abgewaschen und abgetrocknet. Anschließend füllst du Erde in den Blumentopf und „pflanzt" die Gurke sorgfältig ein. Achte darauf, daß sie fest in der Erde steht und nicht umfallen kann. Nun rupfst du ausreichend Borsten aus der ausrangierten Haarbürste und bestückst damit fein säuberlich die Gurke. Sollten die Borsten zu lang sein, schneide sie mit einer Schere in die richtige Länge. Im Handumdrehen ist dein exotischer „Kaktus" fertig.

Jetzt brauchst du nur noch auf eine günstige Gelegenheit zu warten, um dem ausgewählten Kakteenfreund dein Prachtstück unauffällig „unterzujubeln". Stell den Topf so zwischen die anderen Pötte, daß er nicht sofort entdeckt wird, weil sonst natürlich gleich klar ist, wer für diesen Streich verantwortlich ist.

Igitt, die Milch kocht!

Du bist in der Küche. Vor dir auf dem Herd steht ein kleiner Topf in dem du fleißig rührst.

„Papa", sagst du zu deinem Vater, der gerade hereinkommt. „Kannst du mal schnell die Milch umrühren, damit sie nicht anbrennt. Ich bin gleich wieder da."

Du drückst deinem Vater den Kochlöffel in die Hand, läßt ihn rühren und verschwindest rasch. Jede Sekunde zählt, denn gleich wird er was erleben!

Erst wenn du einen verblüfften Schrei aus der Küche hörst, kommst du zurück. Dort steht dein Vater mit großen Augen und guckst sprachlos in den Topf, in dem sich - igitt! - eine merkwürdige, zähe Masse befindet. So eine seltsame Milch hat er noch nie gesehen.

Nun klärst du ihn über das Geheimnis deiner „Milch" auf, und ihr habt beide was zu lachen!

Diesen Streich kannst du nur dann spielen, wenn du den Herd alleine benutzen darfst. Andernfalls kannst du vielleicht jemand Älteren dafür begeistern, ihn für dich auszuführen, so daß du wenigstens den Spaß beim Zusehen hast.

Natürlich befindet sich in dem Topf gar keine Milch, sondern eine Mischung aus Wasser und Maisstärke. Für 200 ml Wasser benötigst du 6 gut gehäufte Teelöffel Maisstärke. In einem Topf richtig verrührt sieht die Mischung wie Milch aus. Du stellst den Topf auf die Herdplatte, schaltest sie auf die höchste Stufe und rührst die Mischung kräftig und gleichmäßig um. Die Mischung bleibt eine Zeitlang flüssig, doch sobald sie eine bestimmte Temperatur erreicht hat, verwandelt sie sich in eine zähe Masse.

Kein Wunder, daß dein ahnungsloser Vater nicht fassen kann, was sich da vor seinen Augen im Topf abspielt.

Wichtig! Schütte Reste der Masse niemals in den Ausguß, denn die Masse kann die Rohre verstopfen. Laß Reste trocknen und wirf sie in den Abfalleimer.

Ein großes Dankeschön und eine kleine Bitte

An dieser Stelle möchten wir uns ganz herzlich bei allen bedanken, die uns mit Ideen versorgt, und so zu diesem Buch beigetragen haben.

Natürlich freuen wir uns auch weiterhin über Anregungen und Vorschläge.

Wenn du einen lustigen Streich kennst, der in diesem Buch nicht enthalten ist, dann nichts wie her damit! Wir freuen uns über jede Idee! Aber auch deine Erfahrungen, die du mit den Streichen aus diesem Buch gemacht hast, interessieren uns.

Deine Vorschläge und kurzen Erfahrungsberichte schickst du bitte an:

Günter W. Kienitz & Bettina Grabis

c/o Ökotopia Verlag

Hafenweg 26

48155 Münster